TIENNE RICHET

OYAGE AU MAROC

ÉDITIONS POPULAIRES — VASSEUR et Cie

ETIENNE RICHET

VOYAGE AU MAROC

BIBLIOTHÈQUE NATIONALE
R.F.
IMPRIMÉS

ÉDITIONS POPULAIRES

VASSEUR & Cie
52, Rue de Douai, Paris (IXe)

1909

EN GUISE DE PRÉFACE

BIBLIOTHÈQUE NATIONALE R.F. IMPRIMÉS

De tous les pays musulmans le plus mystérieux est l'empire chérifien. Si proche qu'il soit de l'Europe, il a su se rendre inaccessible et les explorateurs ont besoin de circonstances exceptionnellement propices pour y promener leurs curiosités. Les représentants des Puissances habitent une ville du littoral où le Sultan ne réside jamais et ce n'est pas s'offrir un voyage d'agrément que d'aller de Tanger à Fez.

Le Maroc est aussi, en apparence du moins, le pays le plus recueilli en lui-même. Il a eu jadis une grosse querelle avec l'Espagne, après quoi il a repris sa tranquillité. Mais qu'on ne s'y trompe pas ; les sociétés improgressives ne connaissent point le vrai repos ; leur condition est plutôt l'immobilité dans la fièvre et, quand le reste de l'univers se tait, l'inquiète Europe, prêtant l'oreille, croit entendre, en face de Gibraltar, comme un murmure de marmite qui bout. Qu'y a-t-il dans cette marmite ? Tout le monde l'ignore. Ce n'est rien, disent les uns. C'est quelque chose affirment les autres — et les journaux s'empressent d'annoncer que le Maghreb s'agite et menace la paix générale. On apprend également, de temps à autre, qu'un gouvernement vient d'envoyer au Dar-el-Maghzen une ambassade chargée d'offrir un cadeau au Sultan, que cette ambassade est arrivée à destination, que le souverain s'est donné le plaisir rare de la laisser se morfondre plus d'une heure aux ardeurs du soleil, qu'il a daigné paraître enfin, monté sur un cheval richement harnaché, et qu'après un échange de vagues politesses, il a tourné bride pour regagner ses appartements. Quelques mois se passent et le bruit se répand qu'un sujet ou protégé européen a eu des avanies. Cet incident donne lieu à une négociation que la nonchalance musulmane s'applique à traîner en longueur. Tout se termine par une indemnité accordée de mauvaise grâce, acceptée sans reconnaissance.

Quelque incident qui se produise au Maroc, l'Europe s'en émeut ; ce qui l'a ému plus que tout le reste, c'est l'escale de Guillaume II à Tanger, en 1905. A Berlin on s'empressa de dénoncer avec indignation les insatiables convoitises, les perfides menées de la France qui se disposait à mettre la main sur le Maghreb. Les assurances données par notre gouvernement, sa participation à la conférence d'Algésiras calmèrent les esprits échauffés. Mais il y a encore une question marocaine qu'est venue compliquer singulièrement notre occupation de Casablanca et la chute d'Abd-el-Aziz. Par bonheur l'empire chérifien est un pays où les choses qui vont mal peuvent aller longtemps encore. Quand la marmite menacera de faire sauter son couvercle, il se trouvera quelqu'un pour l'écumer, après quoi, elle recommencera à bouillir à petit feu.

Les voyageurs français qui m'ont précédé au Maroc, le vicomte de Foucault, le marquis de Segonzac et d'autres, s'accordent à déplorer qu'il soit si mal gouverné et si mal administré. Il a sur l'Algérie, la Tunisie et la Tripolitaine, l'avantage de faire front sur deux mers, d'avoir des ports dans la Méditerranée et dans l'Océan. Il jouit encore de cet avantage que, possédant les massifs les plus élevés de l'Atlas, il a plus d'eau courante, et que nombre de ses fleuves ne tarissent jamais. On y trouve presque partout un climat sain et des terres fertiles. Ses montagnes sont riches en minerai. En matière d'industrie, les Marocains vivent sur leur passé; mais ce passé est si beau que les restes en sont intéressants. On sait qu'ils excellent dans la fabrication des tapis, dans le travail des cuirs, dans la poterie. Leurs ancêtres étaient des maîtres en architecture. On jouit de ce qu'ils ont fait, mais on ne s'entend pas même à le conserver. Faut-il signaler comme exemples les palais de Fez, de Méquinez et de Marrakech qui tombent en ruine ?

Ennemi de tout progrès, le Maghzen, partout où s'étend sa domination, semble s'appliquer à décourager l'agriculture et l'industrie. Par un attachement inexplicable à d'anciens usages, il interdit l'exploitation des céréales. A quoi bon mettre en valeur des terres incultes ? Ne pouvant envoyer ses grains en Europe, que ferait-on de l'excédent des récoltes ? On se contente de cultiver tant bien que mal son petit champ en employant de vieilles méthodes et des outils primitifs. Dans le Sud, le grand obstacle aux entreprises agricoles est le brigandage. Maintes vallées, telle l'oued Sous, jadis province productive et populeuse, sont aujourd'hui infestées par des malfaiteurs qui tiennent la campagne et qu'aucune police n'inquiète. Les troupeaux y sont gardés par des pâtres qui ont toujours l'œil aux aguets et la carabine au poing, et les caravanes qui les traversent doivent s'armer jusqu'aux dents. Dans les tribus qu'épargnent les pillards, le commerce languit, faute de moyens de communication.

Aux maux que produit l'apathique indolence du Maghzen s'ajoutent les abus dont souffrent la plupart des contrées qui vivent sous les lois de l'Islam. C'est d'abord une justice vénale, administrée par des gouverneurs qui ne subsistent que de la libéralité des plaideurs. Ne touchant aucune indemnité, c'est dans la répartition de l'impôt qu'ils trouvent leur profit, en exigeant des contribuables une somme trois fois supérieure à celle qu'ils doivent verser au Trésor. Le Maroc est un pays où il est prudent de paraître pauvre, sous peine d'être pillé et pressuré.

Le Sultan est propriétaire, nominativement du moins, de tout son empire et chaque caïd, soumis à son autorité va, chaque année, lui apporter le produit de l'impôt. La caisse de l'Etat est sa caisse particulière. Et c'est là qu'il puise à pleines mains pour l'entretien du harem, des favoris, des fondations ecclésiastiques et de la mahalla.

Le plus grand mal dont souffre le Maroc, c'est le fanatisme. Nulle part il n'enfante tant de sottises et de haines ; nulle part le roumi n'est plus méprisé ; le juif condamné à une existence plus humble, plus outragée et plus précaire. Sans doute les Maures qui s'enrichissent dans les villes ont des mœurs plus douces et ne sont pas étrangers à tout sentiment de tolérance. Mais s'ils s'avisaient, ouvertement du moins d'ouvrir leurs cœurs aux chiens que nous sommes, ils seraient bien vite rappelés à leurs devoirs par les confréries que dirigent des hommes pour lesquels la religion n'est qu'une sublime épilepsie. Ne les voit-on pas, pendant les fêtes religieuses, courir les rues, l'écume aux lèvres déchirant de leurs ongles tous les animaux qu'ils rencontrent et se repaissant de leurs chairs saignantes en l'honneur d'Allah et de son prophète ? De tels spectacles — dans ces magnifiques contrées d'Afrique où un hasard fabuleux a prodigué ses dons, — font songer involontairement à ces lacs limpides aux eaux d'azur où se prélassent des crocodiles...

Le Sultan est plus éclairé, sans doute, qu'un grand nombre de ses sujets. Du haut de son cheval qui lui sert de trône, il aperçoit beaucoup de choses que la canaille convulsive et hurlante de Fez ne saurait voir. Ce descendant de Fatime, fille de Mahomet est, en principe, le maître absolu de son peuple et de ses destinées. Mais, en réalité s'il peut impunément faire le mal, il est impuissant à améliorer la situation de ses sujets. Il ne tient qu'à lui de trancher la tête d'un vizir qui a perdu sa confiance ; par contre, il ne sait comment s'y prendre pour réformer une coutume ou supprimer un abus. Le grand-père du Sultan actuel, Sidi-Mohammed, avait accordé aux Israélites le droit de garder leurs sandales en quittant le mellâh et il fit décapiter quelques qîad qui protestaient. Le clergé et la populace frappèrent son décret de nullité ; le fanatisme prévalut sur les volontés impériales.

Plus heureux, son fils, Moulay-Hassan, a fait venir d'Europe des officiers instructeurs pour organiser sa mahalla ; il a autorisé quelques ingénieurs anglais à fouiller l'Atlas pour y découvrir du charbon. Moulay Abd-el-Aziz, inspiré par un aventurier, Harry Mac-Léan, caressait d'autres projets encore ; mais, à ce jeu-là il a perdu son trône. Son frère Moulay-Hafid, tour à tour, avance et recule. Son inquiétude paralyse ses bonnes intentions. Comme le sultan rouge de Constantinople, il se défie des intrigues de cour. Personne n'est plus dépendant qu'un monarque absolu quand il n'a ni les aptitudes, ni la maîtrise d'un bon chef.

Moulay-Hafid, le nouveau sultan, est d'autant plus tenu de respecter les préjugés de ses sujets, qu'il y a dans ses vastes états beaucoup de mécontents. S'il flirtait trop avec l'Europe, on lui rappellerait peut-être qu'il est lui-même un étranger, que la dynastie aujourd'hui régnante des Filali est originaire du Tafilalet et qu'elle a usurpé le trône. Les prétendants sont nombreux au Maroc. Sans compter ceux qui se déclarent descendants des Idrid, il y a Moulay Mohammed qui tient, à l'heure présente, la campagne entre Oudjda et Taza et assure être le frère aîné du Sultan. Il ne faut pas trop se moquer de ces conspirateurs. Si jamais l'un deux se procurait les ressources nécessaires pour tenter un coup sérieux, tous les mécontents se rangeraient sous son drapeau.

Moulay-Hafid n'a pas un sort enviable.

C'est une triste condition que celle d'un monarque qui sent la nécessité des réformes et dont les sujets regardent tout progrès comme une impiété. Pour briser leurs résistances, il faut avoir une âme fortement trempée et le Sultan n'est pas un Mahmoud ni un Méhemet-Ali. Tous ceux qui l'ont approché ont été frappés de la mélancolie empreinte parfois sur son visage au teint bistré et de l'éclat sombre de ses yeux.

Au milieu de ses tracas et de ses alarmes, il a, cependant, un sujet de joie. La meilleure garantie qu'il puisse avoir de sa sûreté comme de la conservation de son empire, ce sont les jalousies réciproques des puissances européennes qui se surveillent d'un œil inquiet et dont chacune a juré qu'elle ferait tout pour empêcher que le Maghreb ne devienne la proie d'une autre. Quand on ne peut obtenir ce qu'on convoite, on trouve du moins quelque consolation dans les mésaventures d'autrui.

En n'étudiant la question qu'au point de vue français, il est impossible, — si ne voulons pas renoncer à la possession de l'Algérie — de nous désintéresser de ce qui se passe au Maroc. Les affaires des deux pays sont étroitement liées. Il y a des tribus nomades qui campent tour à tour dans l'un et dans l'autre ; c'est au Maroc que se préparent les révoltes qui éclatent dans nos tribus arabes ; c'est au Maroc que se réfugient les insurgés après leur défaite sans que nous puissions les poursuivre dans les oasis du Sud, ou ils sont reçus à bras ouverts. Le Sultan n'exerce aucune autorité, aucune police dans toute cette partie de son empire et eût-il les meilleures intentions du monde, il est hors d'état d'y faire respecter le droit des gens.

Ce qui s'est passé à Timimoun, en février 1901 est une preuve du danger permanent dans lequel vivent les tribus du sud-ouest algérien, soumises à notre influence. On sait qu'à cette époque le bordj de Timimoun, le poste fortifié qui commande notre oasis de Gourara a été attaqué par un millier de Berbères marocains et que nous n'avons pu rester sur nos positions, qu'après un combat acharné où soixante-cinq des nôtres ont succombé.

L'affaire de Timimoun et l'assassinat par les maures du Rif de notre compatriote Pouzet, présentant deux cas d'exceptionnelle gravité, la réclamation de notre ministre à Tanger fut appuyée par une démonstration navale qui établissait nettement notre volonté d'obtenir une réparation aussi prompte qu'effective.

La présence de deux navires dans les eaux marocaines nous donna des résultats immédiats. A l'arrivée du *Pothuau* et du *Du Chayla*, le premier drogman de notre légation fut délégué à Marrakech pour porter les demandes de réparation et le Sultan accorda aussitôt une indemnité pécuniaire et la prison perpetuelle du gouverneur du Rif, coupable du meurtre de M. Pouzet. Abd-el-Aziz fit présenter ses excuses par le vizir des affaires étrangères, Abd-el-krim ben Sliman. Enfin l'envoi à Paris d'une mission chargée ouvertement de saluer le président de la République et, en secret, d'entamer la question épineuse de la rectification de la frontière franco-marocaine, fut également décidé.

J'étais revenu d'Asie depuis quelques jours et je goûtais à la campagne tous les charmes d'un repos bien gagné, lorsque le 20 décembre 1901, M. Waldeck-Rousseau, qui m'avait toujours témoigné beaucoup de bienveillance, me rappela à Paris.

Indifférent à la politique, exclusivement soucieux d'attacher mon nom à une œuvre d'expansion coloniale, j'aimais son caractère autant que j'admirais son talent.

Ayant eu au cours de ma mission une attitude aggressive à l'égard de M. Delcassé, ministre des affaires étrangères, — attitude qui m'avait été imposée par les événements,

— ce n'est pas sans appréhension que j'arrival place Beauvau.

Quand je pénétrai dans le cabinet Louis XVI, le président du Conseil était assis à son bureau, impassible et froid. Ses paupières se soulevèrent avec une sorte de lassitude et il posa sur moi son regard énigmatique. M'ayant fait asseoir il me dit, après quelques secondes :

— J'ai lu avec intérêt les rapports que vous m'avez adressés d'Extrême-Asie. Malgré des critiques injustifiées et des erreurs de détail que je vous signalerai, ils m'ont révélé la perspicacité et l'indépendance de votre esprit...

Et, comme confus de cet éloge inattendu, je le remerciais, il reprit :

— Êtes-vous prêt à repartir ?

Malgré la surprise que me causa cette question, je répondis sans hésiter :

— Quand il vous plaira, Monsieur le président.

— En ce cas, faites boucler vos caisses. Je désire que vous arriviez le plus tôt possible dans le Sud-Oranais. Je saurai reconnaître vos services : à votre retour vous serez pourvu d'un poste diplomatique.

Et longuement il m'expliqua qu'à la suite de pourparlers avec les délégués, une mission marocaine dirigée par Si Mohammed el Guebbas, représentant du Sultan, devait se rencontrer à Figuig en février 1902 avec une mission française ayant à sa tête le général Cauchemez.

Mon rôle se bornait à les précéder, presque sans escorte, et à fournir des notes sur les tribus de la frontière.

C'est en m'acquittant de cette tâche et, par la suite, en remontant vers le Rif, que j'ai pris contact, pour la première fois, avec les populations du Maghreb.

Je note pour mémoire que les plénipotentiaires, accompagnés d'un bataillon français et de troupes marocaines, furent reçus à l'entrée de l'oasis par l'amel marocain et les notables de la contrée. Ils se rendirent d'abord dans le Ksar de Zénaga dont les sentiments étaient réputés hostiles et où, cependant, l'accueil fut sympathique. De Zénaga les deux missions traversèrent les différents Ksour de Figuig, s'arrêtant aux points les plus importants. Tandis qu'on excursionnait dans l'oasis, deux groupes d'officiers et d'ingénieurs s'occupaient de déterminer les points de la nouvelle frontière, d'y choisir des emplacements à fortifier. Ils étudiaient et arrêtaient, en outre, le prolongement de la voie ferrée de Duveyrier par la vallée de la Zousfana.

L'insuccès de la mission fut complet. Si Mohammed et Guebbas qui avait été reçu le 19 janvier à Alger, y revint précipitamment et ce retour émut vivement l'opinion publique. Pour l'expliquer, certains journaux affirmèrent que la mission avait accompli sa tâche, consistant d'après eux, à faire certaines déclarations aux habitants des Ksour ; seulement ils oublièrent de dire que ces déclarations avaient donné lieu à des réponses impertinentes et à des propos menaçants. On eut alors recours à une expédition militaire : on bombarda Figuig et les Doui-Ménia furent refoulés.

Quand, plusieurs mois après, je revins à Paris, M. Waldeck-Rousseau, souffrant déjà du mal qui devait l'arracher bientôt à l'affection des siens, avait quitté le pouvoir. Reçu en juillet au ministère des affaires étrangères, par M. Delcassé qui émit la prétention de me faire entreprendre, à propos de l'incident franco-siamois, une campagne de presse visant spécialement M. Paul Doumer dont j'avais apprécié l'œuvre admirable en Indo Chine, je refusai net et ce fut avec la rupture, l'envol de toutes mes espérances. Pour me punir de partager l'opinion de tant de bons Français, on me laissa entendre que je n'avais plus à compter sur une croix gagnée loin des antichambres du quai d'Orsay et j'attends toujours, sans impatience d'ailleurs, le poste de chargé d'affaires au Siam que M. Waldeck-Rousseau m'avait promis. Renonçant momentanément aux aventures lointaines pour me consacrer aux lettres, je collaborais à divers journaux parisiens, lorsque le *Gaulois* me proposa, trois ans plus tard, d'aller faire en Allemagne, une enquête sur les affaires du Maroc. L'opinion chez nous était très surexcitée et il était particulièrement intéressant de recueillir les impressions du prince de Bulöw. Très bien reçu grâce aux recommandations du grand duc de Mecklembourg-Schewerin et du prince de Radolin, j'eus le tort, aux yeux du Chancelier, de livrer à la publicité des propos pacifistes qui, dans son esprit, n'étaient destinés qu'à être agréables à un explorateur français de passage à Berlin et auxquels il n'attachait peut-être qu'une importance relative. Par ordre de l'Empereur qui se trouvait le 2 mai, à bord du *Hohenzollern*, en rade de Venise, les paroles de M. de Bulow furent démenties sous une forme vague. On affirmait au palais Dœnoff-Radziwil que le chancelier « n'avait reçu depuis longtemps aucun journaliste étranger ». Je ripostai au démenti avec autant de modération que de fermeté et cette fois le prince comprit que, nanti de documents établissant qu'il m'avait reçu, j'étais un assez galant homme pour ne les livrer à la publicité que si ma bonne foi était suspectée. Elle ne le fut point. Toute la presse française, — de M. Jaurès à M. Drumont — prit mon parti et le chancelier n'insista plus.

Je passe sur les incidents multiples qui suivirent ces déclarations sensationnelles et les polémiques passionnées de la presse étrangère qui fut généralement favorable à ma version. Quinze jours plus tard j'allais compléter mon enquête au Maroc. Au cours de ce second voyage j'ai revu les villes de la côte et visité celles de l'intérieur. J'ai suivi de près les négociations qui devaient aboutir à la conférence d'Algésiras et ce sont — de Tanger à Mogador — les impressions d'un globe-trotter que le lecteur trouvera dans ce livre.

Quelque fait nouveau qui se produise désormais, quelques difficultés qu'on lui cherche et quelle que soit la Puissance européenne qui la tracasse, Moulay-Hafid a cette bonne fortune qu'il est sûr d'en trouver d'autres toujours prêtes à lui venir en aide. Il n'a pas un sujet chrétien et dans toute l'étendue de ses tribus, l'étranger chercherait vainement à se créer un parti. La Puissance qui voudrait s'en emparer ne pourrait s'y ménager aucune alliance sérieuse. Avant de se lancer dans son entreprise, le conquérant calculera le nombre de millions qu'il faudrait dépenser, tout le sang qu'il serait nécessaire de répandre pour avoir raison d'un peuple fanatique. Quiconque a vécu dans les milieux arabes sait ce qu'il en coûte de réduire à l'obéissance cette race indocile qui, joignant la légèreté des pensées à l'obstination des rancunes, fidèle à sa haine autant qu'oublieuse de ses revers, puise dans la folie des songes le courage des vaines tentatives et des éternelles revanches.

ETIENNE RICHET.

VOCABULAIRE ARABE

Abd, plur. *'abid* : esclave. D'ou le nom propre : *Abdallah*, serviteur de Dieu.

Adoua : rive.

Aïd el Kébir : « la grande fête » qui se célèbre dans tout l'Islam le 10 du mois de *dhou-el-hidja*, au moment où a lieu à Mina, près de la Mecque, le grand sacrifice qui termine le pèlerinage.

Aïd ec-ceghir : « la petite fête » célébrée le 1er du mois de *choual*, qui suit le mois de *ramadhan*.

Alem, plur. *'oulema* : savant, équivaut à *feqih*, jurisconsulte.

Amin, plur. *ouména* : « l'homme de confiance ». Au Maroc le corps des *ouména* est formé par les intendants chargés des services financiers.

Askri, plur. 'askar : fantassins recrutés dans les tribus marocaines.

Azib : enclos, ferme.

Baraka : bénédiction — c'est le don qu'ont les saints, les *marabouts* et les *Chorfa*, de transmettre à leurs fidèles les vertus et les pouvoirs qui leur ont été accordés par Dieu.

Caïd, qaïd, plur. qiâd : « conducteur », gouverneur des villes ou des tribus, chef militaire.

Chéchiya : calotte de drap rouge.

Cheikh, plur. *chioukh* : « vieillard », chef de village, de fraction de tribu. Poète. féminin : Cheikha, plur. cheikhât.

Chêrif, plur. *Chorfa* ; féminin, *chérifa*, plur., *chérifat*: noble qui prétend descendre du Prophète par sa fille Fatine, femme d'Ali.

Couscouss, en arabe *tha'am* : « nourriture », mets confectionné avec de la semoule cuite à l'étuvée et roulée par les femmes qui l'assaisonnent à la graisse, au beurre oû au sucre.

Debiha : « victime », animal sacrifié le jour

de l'aïd el khebir, ou bien à d'autres époques, pour obtenir une faveur.

DEMMA : situation de *dzimmi*, c'est-à-dire de tout sujet non musulman, qui paie la taxe de capitation.

DEQAQQ : « heurteur », personnage qui dans les nuits de *Ramadan*, va heurter le marteau des portes, à deux heures du matin, pour avertir qu'il est temps de prendre le dernier repos permis par la religion.

DIFFA : repas offert à l'hôte.

DJELLABA : vêtement habituel des Marocains, sorte de sac fait d'une étoffe quelconque agrémenté d'un capuchon.

DJEICH GUICH : corps d'armée, troupe.

DJÉZIYA : taxe de capitation.

FAHS : banlieue.

FAQIR, plur. *froqa :* nom que portent les affiliés d'une confrérie religieuse.

FONDAQ, plur. *fenâdeq :* caravansérail pour les hommes et les bêtes, marché.

GHEYYATH : personne qui durant les nuits du Ramadan annonce certaines heures du haut des minarets en jouant de la *ghaitha*, sorte de musette.

Hadhra : réunion d'affiliés d'une confrérie religieuse dans laquelle ils se livrent à des pratiques mistiques.

Horm : « interdiction », *haram*, interdit, d'où *harem*, appartement interdit, réservé aux femmes.

Jamor, Djamour : « étincelant », boule en métal qui surmonte les tentes des principaux personnages dans un camp marocain.

Khalma, hkima : tente basse des nomades, faite de bandes de laine, de toiles de chèvre ou de fibres de palmier.

Khathib : iman spécialement chargé, les vendredis et jours de fête, d'un sermon nommé *Kotba*.

Marabout : en arabe *mrâbeth*, régulièrement *mourâbith*. Personnage considérée comme jouissant de la baraka soit par sa naissance (chérif) soit par sa science et sa vertu, soit encore pas ses excentricités. Ce saint personnage est enterré dans une *qoubba* (Koubba).

Meqsoura : « partie séparée », partie de la Mosquée séparée par une cloison de bois et destinée au Sultan, et quelquefois aux femmes.

Mesriya : petite chambre du premier étage donnant sur la rue.

Mézouar : « surveillant », prévôt des divers groupes *chorfa*.

Mkebb : couvercle fait de fibres de palmiers, placé sur les plats pour les protéger.

Mlaqiya : « réception », offrandes faites au Sultan en sa qualité de chérif couronné.

Mohendicin : géomètres, architectes, ingénieurs.

Moristan : endroit où sont les malades et notamment les fous.

Moul : moulet et moualin : personnel masculin et féminin au service du sultan.

Mouloud : « naissance », anniversaire de la naissance du Prophète le 12 du mois de Rébi 1er.

Mouna : provision journalière fournie aux hôtes.

Moussem : fête d'un saint, célébrée à époque fixe.

Msalla : espace libre, en dehors des villes, où la prière a lieu, devant les populations.

Neffar : individu qui, durant les nuits du Ramanda, sonne de la trompette.

Oud : « bois », mandoline à quatre cordes doubles.

Ouli : heure de midi..

Rezza : longues bandes de mousseline blanche entourant la chéchiya pour former le turban.

Salat el Istisqa, çalat : « prière de l'arrosement, cérémonie destinée à obtenir la pluie.

Tajin, Tadjin : non générique des mets non rôtis.

Tertib : « règlement », réforme fiscale.

Zériba : enclos en branchages.

Voyage au Maroc

I

En Rade de Tanger

Le coucher du soleil traverse un ciel chargé de pluie, embrase la ligne violacée du cap Spartel et mêle au lavis des nuages les taches les plus empourprées, les nuances les plus violentes de l'aquarelle. La côte aride se perd sous les ondées que l'on voit avancer de l'horizon ; les récifs criblent l'indéfinissable bleu de l'eau de leurs points noirs et la villa Perdicaris apparaît comme un jouet d'enfant qu'un souffle va faire choir de son rocher. Puis, c'est un enchantement : blanche, jaune et bleue, Tanger se dévoile tout à coup, avec ses minarets et ses coupoles, sa casbah et ses villas modernes.

A mesure que le bateau évolue dans la rade foraine, les moindres détails de la *cité des chiens* nous attaquent les yeux, tous à la fois, et l'on se prend à regretter de marcher si vite.

En bas, dominant le warf et la douane, c'est une forteresse surmontée de canons moyennâgeux. Plus haut, des taches multicolores se perdent dans la masse blanche comme des ombres qui glissent sur un pic neigeux. A l'exception des dômes qui se glonflent au-dessus des mosquées, il n'y a pas une seule surface sphérique dans toute la ville. Ce ne sont partout que plans verticaux et horizontaux heurtés, confondus, s'entrecoupant et se croisant dans une sorte de révolte. Chaque maison, à la vérité, regarde la mer, et l'on distingue fort bien ses fenêtres comme autant de petits yeux inégalement distribués, mais elle la regarde à sa manière : de face, de trois quarts ou de profil, et elle semble se hausser au milieu de ses voisines pour aspirer un peu d'air marin tout en profilant ses dures arêtes sur le ciel incertain...

La descente est pénible. Soulevé par des vagues hachées et menues, notre steamer oscille violemment. Il est nécessaire de saisir la seconde où il plonge « le nez dans la plume » pour se jeter à l'arrière du canot. Là, des Arabes nous reçoivent. Ils crient et gesticulent. C'est leur façon, à eux, de souhaiter la bienvenue aux Roumis.

Colis animés et bagages inertes, quand tout est en place, le you-you pique droit et nous pouvons encore regarder Tanger qui, dans une éclaircie, se nimbe d'or, irradiée par un soleil jetant ses derniers feux. Son anse ourlée de grèves claires, délicatement accidentée par les soins d'un merveilleux architecte, fait songer à un collier, dont la cité proprement dite serait le fermoir... Nues, les collines qui rampent vers la mer s'innervent de frêles nuances sous le ciel pâle ; puis la nuit tombe, nuit du firmament, ténèbres de l'eau et de la terre. Ce crépuscule d'une laideur rare évoque la tristesse des visages en peine dont le chagrin grimace et qu'on voudrait, ou rassérénés ou bouleversés par la douleur vraie.

La visite des bagages terminée, notre cortège se déroule par les rues étroites et tortueuses. Un coureur muni d'une lanterne et d'un bâton qui servira à écarter les curieux me précède. Je vais au pas de mon cheval à côté d'Amehd, le guide qui m'a déjà suivi en 1902 sur la frontière marocaine ; derrière nous une quinzaine de serviteurs, recrutés à l'improviste, conduisent des ânes et des mulets, sur le dos desquels on a mis plus d'une heure à charger nos colis. Enfin, un bouffon soudanais, qui fit la joie des Américains à l'expédition de Saint-Louis, ferme la marche en jouant du tam-tam.

De la jetée à la Villa de France perchée très haut, face au Socco, à deux pas de notre légation et du temple britannique, il faut traverser la cité aux rues silencieuses, côtoyer des foules bigarrées dont les éléments les plus curieux sont des femmes voilées qui portent, avec des gestes de pudeur offensée, les mains à leur visage lorsque nous cherchons à lire dans le mystère de leurs grands yeux, pareils aux gemmes fausses — de leurs grands yeux qui s'allongent langoureusement, soulignés de fard. Elles marchent avec lenteur, sans grâce et comme préoccupées uniquement d'un rêve intérieur. Il faut ajouter, en toute justice, que d'ingénieux ajustement témoignent de leur instinctive féminité, depuis les babouches aux pompons brodés d'or jusqu'aux cafetans de soie claire.

A chaque pas nous croisons aussi des commerçants israélites, vêtus de drap noir et coiffés de calottes ; des Maures, à la peau blanche, à la barbe soignée qui passent, dédaigneux des choses de ce monde ; des gens du Rif, au regard dur, la tête ceinte de cordes en souvenir de leur piraterie ancienne ; des Soudanais, à demi-nus, comme au désert natal, et des esclaves chargées de dattes.

Contraste insuffisant

NF Z 43-120-14

Nous voici sur la place du marché, — le Socco — un terrain abrupt coupé de fondrières, marais aux jours de pluie et langue saharienne aux heures ensoleillées. Une chaussée la traverse, des murs d'enceinte à la grille de l'hôtel où m'attend le muletier.

C'est Mouha, un Berbère qu'a engagé Amehd pour notre voyage à l'intérieur. Etrange serviteur à la face équivoque qui se tient comme un singe, la tête rentrée dans les épaules et les genoux très haut. Seul, son burnous éclate en tache blanche dans le cadre sombre.

Nous échangeons d'originales politesses :

— Qu'Allah soit loué ! Bonjour.

Je réponds :

— Qu'Allah te protège !

— Quel est ton état de santé ?

— Excellent. Et toi, comment vas-tu ?

— Bien, Allah ! soit loué ! Penses-tu pouvoir bientôt te mettre en route ?

— Oui, bientôt.

— Gloire à Allah ! Et comment va ta famille : ton père, ta mère, tes femmes, tes enfants, tes frères, tes sœurs et tes grands parents ?

— Très bien, je te remercie.

— Et tes chevaux, tes chiens, tes chats, tes moutons et autres bêtes domestiques ?

— Admirablement.

— Gloire à Allah !

Ce dialogue qui a pris les proportions d'une cérémonie, — terminé à la satisfaction de tous — je descends de cheval pour faire l'ascension des jardins fleuris au haut desquels m'attendent obséquieux et souriants, flambeaux aux mains, deux domestiques en habit.

II

Un Aventurier

Tandis qu'on s'inquiète en Europe de doter le Maroc d'une administration régulière, de lui infuser un sang nouveau et de faire de cet empire agonisant un grenier d'abondance pour la *Old country*, personne ne songe à consulter les Maures, les Arabes et les Berbères, propriétaires du sol ; à savoir ce qu'ils pensent d'une pénétration pacifique, ou d'une intervention armée, toujours possible, des Puissances.

Avec l'état d'anarchie qui règne dans le sombre Mahgreb et dont j'ai le spectacle lamentable sous les yeux, il est indispensable que ce pays soit dirigé par un peuple civilisé assez fort pour briser, sans retard, la résistance des classes dirigeantes ; assez éclairé aussi pour avoir un constant souci de sa prospérité future.

Pour mener à bien cette entreprise, hérissée de difficultés et semée d'écueils, la France, par ses frontières limitrophes comme par ses droits historiques, est naturellement désignée.

Mais quels que soient demain les résultats obtenus par la mission envoyée à Fez, il est, avant tout, indispensable de bien se pénétrer de cette idée que ce n'est pas en traitant de haut les indigènes, en ne tenant aucun compte de leurs desiderata, que nous arriverons à les conquérir à notre cause, à les amener au protectorat désiré.

Ce n'est pas non plus en nous contentant d'instruire les Arabes que nous parviendrons à la domination pacifique. Daniel Saurin, directeur du *Journal du Maroc*, notait l'autre jour, non sans justesse, que la France, après avoir mis quinze siècles à apprendre à lire, venait apporter « la généreuse illusion d'une révolution facile au Maroc, avec un peu d'alphabet, de calcul et de géographie, subrepticement déposés au coin d'un cerveau comme de la mélinite au pied d'un mur. » En vérité, nos compatriotes établis depuis longtemps sur la côte sont en droit d'exiger beaucoup mieux du gouvernement métropolitain.

Avant de poursuivre ma route vers Fez, devenu le boulevard extérieur de la diplomatie européenne, il m'a paru intéressant de recueillir l'opinion des indigènes par la voix de leurs représentants les plus autorisés. Et dans cette enquête le hasard m'a servi à souhait.

Ce matin, en allant au cap Spartel par la seule route qui existe au Maroc, j'ai croisé, à cheval un caïd de belle allure dont la barbe blanche, taillée en pointe, contraste avec la jeunesse pétillante des yeux. Ce grand seigneur, escorté d'une garde imposante, n'est autre que sir Harry Mac-Lean, colonel anglais et généralissime des armées du Sultan !

Le caïd Mac-Lean qui cumule plus vraisemblablement les fonctions de confident européen de S. M. Moulay Abd-el-Aziz et d'agent britannique, paraît avoir cinquante ans. De taille moyenne, affligé d'un embonpoint raisonnable qui ne l'empêche pas d'être un très beau cavalier, c'est le gentleman le plus recherché et le plus courtisé de la colonie européenne. Quand il ne traite pas de nombreux amis à sa table, c'est lui qui se prodigue dans les milieux les plus distingués.

En pacha fastueux qui flirte tour à tour avec le Maghzen et l'Europe, il a maison à Fez et maison à Tanger. Mais comme il n'aime pas à introduire des étrangers au home familial, quand il vient à la mer, il habite avec sa fille la gracieuse Nora, cette poétique Villa de France aux massifs toujours fleuris, où je suis depuis hier son voisin de chambre.

Quand on m'introduit dans le salon réservé du premier étage, bien que l'heure de la sieste ne soit pas terminée, le caïd a repris ses bottes rouges et l'élégant jabador bleu brodé d'or a remplacé le cafetan d'intérieur. Il tient une cornemuse de laquelle il tire d'agréables sons. Dès qu'il m'aperçoit, il pose son instrument sur la table et vient à moi le sourire aux lèvres, les mains tendues, car il a déjà reconnu le cavalier qui l'a poursuivi pour le photographier.

M'ayant offert un siège il prend brusquement les devants :

— Que puis-je, Monsieur, pour votre service ?

— Vous excuserez, monsieur le gouverneur, ma curiosité légitime quand vous saurez que je suis à la fois explorateur et journaliste... On assure, de toutes parts, que si vous avez quitté Fez au moment précis où le Sultan traite avec les Puissances, c'est sur la demande expresse du ministre de France... Ensuite on prétend, qu'étant à la fois confident de S. M. Moulay Abd-el-Aziz et délégué du Foreign Office, vous allez à Londres pour éclairer lord Lansdowne sur les événements de l'heure présente.

A ces mots, le caïd sursaute :

— Je vais à Fez ou je quitte cette ville quand

bon me semble et, si je me prépare à faire ces jours-ci un voyage en Angleterre, c'est uniquement pour aller régler des affaires personnelles, rien de plus... Un long séjour au Maroc m'a fait adopter ses mœurs, sa langue et ses usages. Sa Majesté veut bien me considérer comme un ami sincère, doublé d'un auxiliaire zélé. De là ma situation unique.

Et il ajoute avec philosophie :

— Il ne faut jamais tenir compte des racontars propagés par des ambitieux déçus.

Comme le caïd s'est tu, je reprends :

— Le Maroc est livré à l'anarchie ; le Sultan ne règne que nominalement sur la majorité des territoires de l'Empire ; Raisouli, nommé caïd depuis l'affaire Perdicaris, barre les routes de Tétuan et d'El-Czar, aussi bien aux caravanes privées qu'aux représentants officiels qui composent la mahalla d'Abd-el-Aziz ; les territoires de l'Anti-Atlas sont habités par des tribus qui n'ont jamais reconnu son autorité ; le Rogui est le maître souverain d'Oudjda à Taza et les moins clairvoyants parmi les indigènes demandent des réformes. Connaissant mieux que personne le mal dont l'Empire chérifien agonise, quel remèdè préconisez-vous ?

— Je serais heureux, (et c'est, je crois, l'opinion générale des populations indigènes) que la neutralité du pays soit respectée par les Puissances. Ceci bien établi, je ne suis pas ennemi de réformes qui s'imposent : c'est-à-dire de donner à ce pays une administration régulière, d'unifier l'impôt et d'organiser l'armée avec le concours bienveillant et désintéressé des Européens. A cette dernière opération je consacrerai, dans l'intérêt strict du Maroc, le temps qui me reste à vivre.

— Cette armée dont vous êtes généralissime n'existe, pour le quart d'heure, que sur le papier.

— Détrompez-vous. S'il est exact de dire que la masse de l'armée ne possède aucune organisation régulière pouvant être comparée à celle des troupes européennes, il n'en est pas moins vrai que, si une nation s'avisait de vouloir prendre pied par la conquête, soixante mille cavaliers se leveraient à l'appel du Sultan pour la guerre sainte contre les Roumis...La religion est le seul lien qui unit des populations diverses, quant aux origines et au degré de civilisation, mais ce lien suffit pour leur inspirer la solidarité et remplacer à leurs yeux le sentiment national qu'elles ignorent.

Le caïd s'est tu et son visage a repris une impassibilité sereine qui ne manque pas de distinction. Je me retire, après l'avoir remercié. En descendant l'escalier, escorté de l'askri de garde, des airs mélodieux arrivent de nouveau à mes oreilles. Sir Harry Mac Lean a repris sa cornemuse et se livre à son plaisir favori...

III

Retour du Pole Sud

En ouvrant mes fenêtres qui dominent dans un décor unique de maisons orientales et de collines vertes, une rade qui rivalise en beauté avec celle d'Alger, à deux milles en mer, entre les croiseurs *Linois* et *Galilée*, j'aperçois un steamer de fort tonnage. Et tandis que je cherche à reconnaître, à l'aide de jumelles marines, cette masse anonyme à l'arrière de laquelle flottent nos couleurs nationales, Amehd m'annonce que l'*Algérie*, de la Compagnie des Transports maritimes, est arrivée hier soir, à dix heures, et que le docteur Charcot est à bord.

Aussitôt je m'écrie :

— Descends au port sans perdre une minute et commande une barque.

Amehd disparaît et un quart d'heure après je le rejoins dans un you-you qu'enlèvent quatre vigoureux rameurs.

On comprendra sans peine le désir que j'ai de revoir Jean Charcot, quand on saura que je lui avais demandé, il y a deux ans, d'aller poursuivre, à bord du *Français*, mes travaux sur les régions polaires. Et si je n'ai pas réalisé ce beau songe, c'est que les circonstances parfois plus fortes que les hommes ne me l'ont pas permis.

Quand nous accostons, Charcot est à table. Amehd, qui me précède de quelques mètres va m'annoncer, et l'explorateur me rejoint à la coupée.

Première entrevue très brève et très émouvante que je m'abstiendrai de décrire. Ceux qui n'ont pas tenté de lointaines aventures ne comprendront jamais les appréhensions de l'exil : l'abandon de chères habitudes, l'inconfortable et l'imprévu, les fatigues et les privations ; l'existence de hasard, dans une nature vierge. Ils ne sauront jamais non plus les joies du retour parmi toutes les superfluités charmantes du bien-être moderne, joies qui justifient si bien le mot de Xavier Marmier qui « partait si souvent afin d'avoir plus de plaisir à revenir ».

Comme je m'informe avant tout de sa santé, Charcot me répond :

— Je suis complètement remis des fatigues d'un hiver qui comptera double dans les hivers de ma vie et tout au bonheur de revoir la France, ma famille et mes amis... Mon séjour dans les mers polaires s'est effectué normalement, sans incident notable... Par exemple, nous avons fait, mes compagnons et moi, des expériences nombreuses et nous rapportons des documents précieux pour la science...

— Et combien de beaux souvenirs, sans doute ?

— En effet, j'aurais voulu pouvoir noter sur l'heure ces moments de mon existence. Je sentais que ces panoramas fantastiques du Pôle Sud s'évanouiraient peut-être de ma mémoire et je désirais les retrouver dans la vulgarité de ma vie future. Vous connaissez d'ailleurs, comme moi, tous les charmes de cette vie aventureuse. A vrai dire, quand on est secoué des frissons de la nature polaire on va dans un flottement de rêverie confuse et grise. Incapable, dans ces minutes-là, du moindre effort de volonté, il semble qu'on s'enfonce dans un mirage...

— Oui, je connais bien cette existence, dis-je, et je vois que vous avez bien gagné les réceptions enthousiastes qu'on vous prépare à votre retour en France.

Jean Charcot proteste avec une modestie charmante :

— N'exagérez pas, dit-il... La Société de Géographie me recevra deux ou trois jours après mon retour à Paris et j'avoue que je suis très sensible à ses faveurs.

Et, comme l'aimable explorateur veut bien s'inquiéter de moi, je réponds :

— Si je suis encore ici quand on vous fêtera, je serai, en tous cas, de cœur avec vous et je vous suivrai par la pensée comme aux heures angoissantes où vous étiez loin, très loin, et où l'on était sans nouvelles.

Un shake-hand cordial de gens qui, ayant vécu des aventures similaires, se comprennent d'un mot, d'un geste même, et me voici de nouveau dans le you-you près d'Amehd qui me glisse, dans un sourire, en montrant ses dents blanches :

— Ton ami me plaît beaucoup !

IV

A travers Tanger

Mon premier soin, en arrivant dans une ville dont je désire imprimer à ma mémoire l'image exacte, c'est de gravir un sommet, de monter sur le faite d'un édifice d'où j'embrasse à la fois, avec la contrée, l'enceinte de la cité, son caractère général et l'effet, par masses, de ses constructions anciennes.

Tantôt avec le docteur Charcot et les membres de sa mission, MM. Matha, Rey et Gourdon, qui vont rentrer en France à bord du croiseur *Linois* ; tantôt avec le comte et la comtesse Louis de Blégier déjà rencontrés à Madrid ou bien encore avec M. Caillaux, un charmant compagnon de route, toute une semaine, j'ai passé des heures et des heures sur les hauteurs de la casbah.

En parcourant Tanger, construite sur deux collines et séparée par un vallon formé de la rue principale et du petit Socco, centre où les Européens se donnent rendez-vous autour des bureaux de poste et des cafés, les délicieuses illusions de l'arrivée s'évanouissent une à une.

Qu'on se glisse, un jeudi par exemple, sur le marché entre les porteurs d'eau, les marchands de fritures, les ânes et les chameaux ; qu'on descende près du môle où logent les matelots, les proxénètes, les gens sans aveu et tout un escadron volant de belles Espagnoles, cigarières tournant mal, filles de Malaga grisées par un doigt de vin cuit, compagnes des brigands de Bobadilla et de la Sierra Nevada qui roulent des hanches comme des bateaux de fort tonnage aux nuits de houle et dont les regards avides plongent jusqu'au fond des portes-monnaies ; qu'on s'aventure « à la Marine » avec un petit bonhomme de dix ans qui vous dit : « *Donne-moi un « bagchiche « et je te ferai connaître de zolies femmes !* » ou bien qu'on parcoure les quartiers européens de Marchan et de San-Francisco — une impression subsiste : malgré son service de voirie, la ville semble dévorée par la vermine et l'électricité n'arrive qu'à jeter, la nuit, des reflets inquiétants, au coin des rues sombres.

Ce n'est qu'au sommet de la casbah qu'on peut respirer un peu et retrouver quelque couleur locale. On y monte par des couloirs étroits entre des murailles percées de fenêtres grillées. La chaussée pavée ici n'est plus là qu'un cloaque où se roulent des enfants couverts de haillons qui furent gris, jaune citron ou pistache.

Après mille détours on arrive tout à coup sur la place du Bit-el-Mal où sont réunis la maison du gouverneur, le Trésor, la prison et la caserne des askars.

Dans la cour intérieure de son palais entourée de seize colonnes de marbre, le Pacha rendait la justice, le jour où je l'ai rencontré pour la première fois. Et c'étaient des scènes curieuses.

Les deux parties s'invectivaient tandis que le gouverneur écoutait, impassible... Un quart d'heure, vingt minutes passèrent. En guise de jugement le Pacha, de plus en plus impassible, mais fatigué de tant de bruit, ordonna aux gardiens de mettre en prison les inculpés, les plaignants et leurs témoins.

C'est avec les victimes de ce jugement singulier que j'ai pénétré sous une porte ogivale ouverte à deux battants. Dans le préau pavé de cailloux et meublé d'un banc circulaire, une ouverture cintrée, fermée par une porte à verrous formidables, attire tout de suite le regard. C'est par là que rentrent les prisonniers. Au milieu de la porte on a taillé un guichet de vingt-cinq centimètres carrés par lequel parents et amis des locataires font passer des provisions. Le Sultan loge à vie les criminels, mais il ne les nourrit pas.

A côté de la prison, un bâtiment désert : l'ancien Trésor. Des mendiants y ont élu domicile. On monte quelques marches et l'on est sous un élégant portique. Mais le pavage, mosaïque de faïence aux dessins ingénieux, est ravagé et les panneaux si finement sculptés des portes, tombent de vétusté.

La nuit produit des effets curieux à la casbah, dus aussi bien à la pureté du ciel qu'à la forme des maisons et à leurs couleurs variées. Les murs étant rapprochés, la lueur des lampes électriques en tombant sur le pavé, rejaillit sur eux, et le firmament semble alors un voile d'un bleu sombre et diamanté, tendu juste au niveau des terrasses. Selon que les ruelles tournent dans un sens ou dans l'autre, leurs angles disparaissent totalement, ou, attaqués en plein par la lumière, enlèvent leurs arêtes saillantes sur un fond d'ombres azurées. Il n'y a presque point de passants, les portes sont fermées. Certains passages avec leurs poutrelles blanches, qui s'entrecroisent à hauteur d'homme, sont tous pleins d'un silence sinistre, et les pas y détonent de façon étrange ; d'autres sont comme remplis de murmures et l'on entend des chants s'exhaler des maisons qui les bordent avec le froufrou des guitares, l'écho sourd des darabouks, les gémissements des violes et les grincements du guimbry.

Il y a dans cette musique arabe quelque chose de barbare qui remue l'âme. C'est l'éternelle répétition d'un motif unique, le rythme lent, la plainte monotone interrompue, par instants, d'un cri prolongé, étrange, inattendu.

Cela choque de prime abord une oreille délicate. C'est incompréhensible, anormal, primitif. Puis on s'habitue, on ressent une sorte de calme où la pensée engourdie flotte, inconsciente, dans un demi-songe — sensations de la vague qui se brise sur le sable, des étalons sauvages galopant au désert, bruissement continu de myriades d'insectes, aux soirs d'orage — vision qui s'efface, d'une image lointaine, dont nos âmes, à travers les siècles, ont conservé le brutal souvenir...

Les matelots du *Français* que je rencontre au petit Socco, en descendant cette nuit de la casbah, ne pensent guère à tous ces bric-à-bracs de chimères dont s'encombrent et s'énervent des imaginations surexcitées de lettrés. Cette escale de huit jours à quatre heures de l'Europe, c'est l'oubli d'un rude hivernage au Pôle Sud, des mauvaises moments du métier, une détente à la discipline du bord. Ils se donnent un peu de bon temps les collaborateurs obscurs de Charcot, et comme ils ont raison ! On comprend leur exubérance enfantine, leur besoin impérieux de fêtes et de ripailles !

Tanger s'égaie de leurs grands cols bleus. Coquets et pimpants, ils s'en vont par bandes, avec ce balancement d'épaules, ce roulement du corps particulier aux gens de mer. Ces visages hâlés ont une mâle franchise, de bons regards naïfs et résolus.

Les indigènes sont au lit depuis longtemps, mais Tanger s'agite encore, les cafés sont ouverts et les marins en bordée. Il faudrait être pasteur anglican, colonel dans l'armée du Salut ou le sénateur Berenger lui-même pour ne pas emboiter le pas derrière eux, et faire avec M. Vilarem, le distingué directeur des postes françaises dans l'empire chérifien, la tournée des grands ducs, chez les danseuses andalouses.

A deux pas de la légation d'Espagne, dans une atmosphère que saturent déjà les vapeurs de tabac et les relents des beuveries, quelques Arabes sont attablés avec des Européens. Debout autour d'eux, des femmes au verbe haut et au geste hardi, fument des cigarettes en agitant un éventail levé sur leur tête. Dans un coin attend, encore vide, une estrade drapée de rouge — la couleur favorable aux brunes.

Nous sommes à l'*escuela de baille*, une de ces écoles de danse comme il y a tant à Séville. Et nous allons assister à une intéressante séance de chorégraphie.

Bientôt les ballerines andalouses arrivent de la Marine. Presque toutes sont de belles filles aux traits énergiques, aux yeux chargés d'éclairs, casquées d'opulentes chevelures dont les accroche-cœurs retombent sur leurs joues veloutées. D'un saut, elles escaladent l'estrade et drapées de châles à franges dont elles feront, tour à tour, en dansant, une cravate, une écharpe, une ceinture ou un fichu, selon les besoins du geste, elles s'y installent avec trois joueurs de guitare.

L'une d'elles, arrivée le matin d'Algésiras par le *Pelayo*, se lève et se prépare à faire tambouriner ses doigts fuselés sur des castagnettes. Elle raidit les reins et, le pied en avant, la tête renversée à la façon d'un mousquetaire prêt à se battre en champ clos, elle attend le signal du combat.

La guitare résonne et le chant de ses compagnes éclate, suraigu. Avec une aisance souveraine elle va, d'un pas élastique, la taille cambrée... elle va et ses *papillos* craquent dans sa main — et ses bras se lèvent, se baissent, se tendent, s'arrondissent au-dessus de sa tête, tandis que ses compagnes scandent sa marche de leurs claquements de mains et de leurs battements de pieds.

Dans la foule on rit aux éclats. Puis on applaudit. Les imaginations s'exaltent et l'on crie bientôt, de toutes parts :

— Alza, chiquita !... Alza !... olé ! olé !

Alors c'est du délire. Elle court, elle bondit et serrant contre ses jambes, ses jupes qu'elle saisit à pleines mains, sur un coup de talon, elle s'arrête net, le jarret tendu.. Un instant elle respire pour danser ensuite sur place comme les almées. Son buste se balance ; ses hanches, dans lesquelles Allah — disent les Arabes — a mis de l'huile et du miel, ondulent exquisement.

Tout le monde est debout, on crie de nouveau :

— Que gapa, Mercedès ! Qu'elle est belle Mercedès !... alza ! alza !... olé ! olé !

Elle campe crânement sur l'oreille un sombréro qu'on vient de lui lancer sur la tête et repart pour tourbillonner aussitôt un *fandago* final.

Cinq minutes de repos — et voici que toutes ensemble, dans le froufrou soyeux des jupes, elles s'agitent en une *séguidilla* à laquelle succède la *jota aragonésa*. Après c'est l'*alza pilili* et la *cachucha* que suivent l'*olé* et le *manchega*. Les trois joueurs de guitare battent leurs instruments avec force ; les ballerines tournent éperdues, leurs bandeaux se déroulent sur leurs oreilles, et autour d'elles pleuvent les panamas, les bérets, les fez et les chéchias — lorsque M. Vilarem, me tendant son chronomètre qui marque trois heures, me glisse dans un sourire :

— Il serait peut-être temps de rentrer si nous ne voulons pas passer toute la nuit ici.

V

Première Étape

La buée d'or où fourmillent, sur le Socco, les foules si diverses de l'Islam, s'est évanouie. Désormais nous n'aurons plus sous les yeux cette incomparable vision d'Orient, des femmes arabes frappant de leurs doigts, un jour de fête, leurs lèvres rieuses et jetant dans l'air sonore les saccades de leur joie, tandis que les Aïssa se donnent, en l'honneur du Prophète, des coups de hache sur le crâne. Nous ne verrons plus glisser des ombres grises dans les rues étroites et mystérieuses de Tanger.

En hâte, de très bonne heure, nous sommes partis, Amehd et moi, comme pour une de nos quotidiennes promenades. Et lorsque, dans la direction d'El-Czar, la deuxième colline a été dépassée, que la casbah de la blanche Infidèle n'a plus profilé dans le ciel bleu sa silhouette de ruines, nous nous sommes arrêtés.

J'ai ôté mes bottes et mes chaussettes pour les remplacer par de vulgaires savates de cuir jaune. Enveloppé dans des flots de mousseline et, le chef couvert d'une chéchya enturbannée, avec cet aspect spécialement malpropre du monsieur qui n'a pas senti glisser, depuis deux semaines, le rasoir du coiffeur sur ses joues, je me suis tout de suite donné à moi-même l'illusion que j'étais un de ces modestes caïds des montagnes qui vont à Fez, mettre aux pieds du Sultan, le produit des impôts en même temps que celui de leurs rapines...

Les Européens, encore très peu nombreux qui voyagent à l'intérieur, dans les conditions où je m'y trouve ; ceux qui, comme moi, ont autant de relations dans le monde indigène que dans celui des légations, doivent s'en féliciter. Sous les blancheurs trompeuses de leur haïk, ils vont voir se jouer entre les Puissances une formidable partie. J'ai la rare fortune de m'enfoncer dans ce sombre Mahgreb à une époque unique de son histoire. L'intensité d'une crise, provoquée par des causes multiples, nous ouvre pour la première fois le Maroc. L'affolement de l'heure pousse aux confidences des vizirs et des qiad qui, en d'autres moments, n'auraient jamais songé à dévoiler aux chiens, fils de chiens que nous sommes, les misères dont ils agonisent, et c'est peut-être grâce au concours de ces circonstances singulières qu'il va m'être permis de connaître la *vérité vraie* et de fixer l'opinion sur l'état de nos affaires.

Sans prévoir encore ce qu'on me dira à Fez, dans l'entourage immédiat du Sultan, il faut croire que les réformes proposées par la France ne provoquent aucun enthousiasme, puisque c'est avec un zèle par trop clair et, sous mille prétextes, qu'on m'a dissuadé d'accomplir mon voyage.

De même qu'on dit aux enfants trop curieux : « Si tu vas dans la chambre noire, le loup te mangera », des esprits bien intentionnés m'ont répété sur tous les tons :

— Pour circuler librement à l'intérieur il est indispensable d'avoir une escorte. Si l'on se risque seul, toutes les aventures sont possibles.

L'escorte que m'a proposée hier la légation se compose d'askars d'Abd-el-Aziz, c'est-à-dire de soldats miséreux qui touchent leur solde tous les trente-trois du mois, de pauvres diables habillés et nourris, Dieu sait comment ! Les armes perfectionnées et le peu d'argent que j'emporte exciteraient certainement leurs convoitises. Et puisqu'on a agité devant moi le spectre ridicule d'une mort toujours possible même à deux pas de la civilisation, qu'on me laisse dire à mon tour que, si je devais avoir peur, ce ne serait certainement pas des nomades rencontrés dans les sentes, mais de ces askars lamentables dont sir Harry Mac-Lean est le généralissime.

Et c'est pourquoi je suis parti seul, sans escorte avec Amehd et Mouha qui nous a précédés de vingt-quatre heures...

Nous campons, ce soir, sur les rives de l'Oued-el-Mekhasen. La contrée que nous venons de traverser est abandonnée par les caravanes et n'est plus, en fait, sous l'autorité du Maghzen. De cette péninsule qui se rétrécit de plus en plus jusqu'au détroit de Gibraltar, la chaîne des Djebala, dans le prolongement du Rif, forme l'épine dorsale. Sur l'Atlantique cette même chaîne accuse une longue ligne qui se perd dans la brume et s'écarte à l'est, dans la direction de la ville impériale tandis que les falaises de l'Océan s'infléchissent à l'ouest. Entre la montagne et la mer, ce sont des plateaux creusés de larges vallées arrosées par des cours d'eaux. Le pays, si riche autrefois, est dénudé. La sente court à l'infini, telle un mince filet de ruban clair, dans des prairies sans fin, parsemées de palmiers nains, de genêts et d'asphodèles. Le mois de mai ayant été défavorisé par les pluies, malgré les chaleurs des derniers jours, les rivières roulent encore des eaux boueuses, les gués sont difficiles, et les berges glissantes. Nous n'avons pas remarqué vingt champs de blé et d'orge et c'est à peine si, de loin en loin, nous avons aperçu sur les hauteurs, des villages entourés de haies, bientôt remplacés eux-mêmes par des douars éparpillés — des douars composés de tentes et enclos de branches desséchées...

En attendant qu'Amehd et Mouha mettent un peu d'ordre et établissent le campement c'est autour de moi, un amoncellement de caisses, de valises, de toiles, de cordes, d'armes, de selles, de boîtes de conserves et de cartouches, d'instruments de cuisine et de lanternes.

Après un repas sommaire que j'expédie rapidement — des œufs durs; une vague côtelette, plus dure encore; une tasse de thé — j'abandonne la pierre sur laquelle j'étais assis pour me jeter tout habillé, revolver à la ceinture, sur mon lit de toile tendue. Mais, comme il arrive souvent après des jours de grande fatigue, le sommeil m'est impossible.

L'heure la plus délicieuse du ciel d'Afrique s'emplit d'une sérénité sans pareille. Une tiédeur indéfinissable circule dans l'air ; le firmament profond est idéalement bleu et les étoiles claires palpitent comme de beaux yeux mouillés de larmes. La rosée ne tombe pas encore ; l'ombre découpe sur la terre pâle les silhouettes flous des arbustes. Quelques nuages d'argent flottent à l'horizon, tandis qu'au-dessus de ma tête, calme, lumineuse et souriante apparaît la lune... Au fond de ces nuits d'Afrique, il y a je ne sais quoi de fatidique et d'énamouré unique au monde, effluve des lauriers roses, des buissons enflammés de lucioles, de tout ce qui respire et de tout ce qui meurt au fond de l'ombre chaude.

VI

Ali-Pacha ou l'Oued des quarante voleurs

Pour les autres peuples, vivre c'est se transformer, pour l'Arabe, c'est continuer. Quand il ne se sent pas le plus fort, il se replie sur lui-même et conserve quand même son individualité. Cerné de toutes parts, étranglé par la civilisation envahissante, il subsiste en vertu de son immobilité, dans un état voisin de la ruine, sans qu'on puisse imaginer s'il désespère ou s'il attend.

Ce qu'il y a de certain, c'est que cette race est la plus belle du globe, dans le plus beau vêtement que l'homme ait inventé, plus beau que la toge des Romains, plus beau que la tunique des Grecs... Ce qu'on admirait tant chez Rachel, cette attache de la tête et des membres, cette démarche souveraine, ces longs plis retombant droits, on le retrouve partout ici, chez le caïd comme chez le dernier mendiant.

En quelque situation qu'il se trouve, par un privilège singulier, ce peuple échappe au ridicule ; sordide sans trivialité, sa malpropreté touche au grandiose : parfois, même, ses haillons semblent un déguisement et, sous sa guenille, on peut dire qu'il a toujours l'air d'un roi.

Mais si l'Arabe est extraordinaire au point de vue physique, au point de vue moral il est plus surprenant encore. Etre indéfinissable, dont on peut dire tout le bien et tout le mal. Dès qu'on veut formuler un jugement, dès qu'on veut lui reconnaître une qualité précise, un défaut évident, à l'instant se présentent certains faits qui démentent tout ce qu'on vient d'affirmer.

Pour moi cette surprise se renouvelle chaque fois que je prends contact avec lui. A l'aube, en me levant, j'aperçois trois individus aux mines soupçonneuses, accroupis sur des pierres à dix mètres de la tente de mes serviteurs. L'un deux crie en m'apercevant :

— Moussiou, Moussiou !

Je me suis laissé prendre à ce grossier stratagème. Ils ont reconnu en moi un Roumi — malgré mon costume, malgré les protestations d'Amehd et de Mouha... Je m'approche et je demande à celui qui m'a interpellé :

— Que veux-tu ?

Il reste assis, la tête enveloppée de ce voile blanc qui, dans la demi-clarté de l'heure semble une draperie de marbre de Carrare sur une statue de porphyre. Maintenant il n'a plus l'air de me voir ni de m'entendre... Puis, daignant enfin m'apercevoir, il me dit d'un ton absolument méprisant :

— Que veux-tu que je veuille à un Roumi ?

Devant ce tutoiement, devant cette hauteur dédaigneuse, je recule d'un pas ; mon verbiage s'arrête net et, un peu honteux d'avoir traité si familièrement un seigneur de haut lignage, je vais raconter à Amehd ma mésaventure :

— Je n'ai pas de chance, dis-je... je parie que je viens de tomber sur le Pacha de Larache, venu pour m'offrir la mouna... Je l'ai sans doute offensé et nous allons avoir des histoires.

— Et où vois-tu le Pacha de Larache ?

— Là... le premier de ces trois Arabes.

Amehd s'esclaffe et dit, méprisant à son tour :

— Ça ? c'est Ali, un malheureux à qui tu peux donner l'aumône.

Je proteste ; il insiste et pour me convaincre nous revenons près de notre homme. Comme ses deux compagnons il n'a pas bougé. Son haïk blanc retombe toujours avec les mêmes plis ; son œil noir contemple l'horizon qui s'ouvre à l'ouest. Encore une fois il me laisse approcher sans avoir l'air de m'entendre. Puis, quand il aperçoit la piècette blanche, il avance la main, prend la monnaie, la met superbement dans les plis de sa manche... après quoi, rejetant son manteau sur son épaule et, suivi de ses deux compagnons, il s'éloigne à pas lents, avec un mouvement de tête si magnifique, une dignité si souveraine que, sans doute, pour les cigognes qui nous regardent curieusement, c'est moi qui suis le mendiant et lui, le pacha.

Tandis que mes serviteurs lèvent le camp, je regarde cette plaine de l'Oued el Mekhasen où fut livrée en 1578 une bataille durant laquelle trois monarques et plus de quarante-cinq mille Maures, Portugais, Allemands, Espagnols, et Italiens, trouvèrent la mort. A l'ouest la plaine s'élargit, au sud El-Czar-el-Kébir barre l'horizon d'un rempart de verdure et, quand le soleil se lève, le site apparaît enchanteur. Du point que j'occupe, une raie d'insoutenable lumière fuit jusqu'à l'horizon comme une coulée d'incendie ; toute l'impalpable, mais littérale poussière d'or de nos matins féeriques, flotte sur les mille petites vagues que la brise soulève dans les prairies.

Nous nous préparons à traverser l'oued quand Mouha me signale une bande de maraudeurs qui s'avance derrière nous. Ils sont bien trente-cinq ou quarante, parfaitement armés et nous n'avons plus le temps de passer la rivière avant leur arrivée (1).

Je consulte Amehd :

— Faut-il nous défendre ?

Fataliste, le guide sourit :

— Ils ont des Winchester comme nous et tu sais bien que, dans cinq minutes, tu auras le nez dans la poussière si tu commences les hostilités... Attendons, nous verrons bien ce qu'ils veulent.

La bande arrive vers nous, en trois groupes distincts. On nous entoure et Amehd, très réservé d'ordinaire, raconte avec de grands gestes à l'appui, qu'il est du Rif et qu'il va à Fez chercher ses frères, deux tolba, en compagnie de Mouha, rencontré en route et de son serviteur, un pauvre diable muet qu'il a recruté à Tanger pour la durée du voyage.

Méfiants, les maraudeurs, parmi lesquels je

(1) Certains journaux ont beaucoup exagéré l'importance de cet incident.

reconnais les trois Arabes de tout à l'heure, me dévisagent. L'un d'eux, plus hardi, lève mon burnous et aperçoit le kodack que je porte en bandoulière. Aussitôt il pousse des cris féroces :

— Arroumi ! Arroumi !

Et la bande menaçante se rallie au signal. Amehd et Mouha sont désarmés. On me lie les pieds et poings ; on m'attache à un arbre.

Une heure s'écoule, énervante, pleine d'angoisse. La troupe s'est éloignée avec Amehd qui discute et proteste. Une autre heure se passe. Les trois chenapans auxquels on a laissé la consigne de me surveiller, la carabine au poing, vont rejoindre le groupe principal qui évolue vers nous. Et dans le tumulte des voix je crois cependant entendre Amehd qui me dit en français :

— Laisse-toi prendre les piastres hassani, que tu as dans ta ceinture et tu seras libre.

— Et les bêtes ? Et les bagages ? dis-je.

— Ils ont déjà dérobé les Winchester et les munitions. Ils nous laisseront le reste à condition que nous revenions à Tanger...

Pour hâter ma délivrance, j'ai accepté cette transaction et, le soir, nous campons à trente kilomètres de Tanger, près d'un bois d'oliviers.

Par hasard, les pessimistes ont eu raison. Avant de m'endormir je songe à ce peuple, qui glorifie le vol, et pour me consoler de ma mésaventure des scènes curieuses dont j'ai été si souvent le témoin amusé, passent dans ma mémoire :

— Mohammed, fils de Mohammed, disait un jour le Cadi, tu es accusé d'avoir volé un cheval.

— Oh ! malheur à moi ! Je suivais la piste, cherchant une corde dont j'avais besoin. Tout à coup, j'en aperçois une ; je la prends sans faire attention qu'il y avait un cheval au bout et je continue ma route, me pressant un peu, parce que la nuit venait. En arrivant près de ma tente, je me retourne... Que vois-je ? Cet animal que je traînais sans le savoir ! Et pour ce fait on me traite de voleur !... Quelle infamie

— C'est bon, répondit le cadi, sans s'émouvoir, tu rendras la corde et le cheval...

Deux autres plaideurs se présentaient :

— Oh ! cadi, je te demande justice ! C'est à propos du troupeau de moutons que nous avons enlevé aux Andjéras, la semaine passée, et pour lesquels mon associé et moi, nous sommes en désaccord ; au lieu de partager en honnête homme, il veut prendre les deux tiers des bêtes. Soutiens-moi, car il pourrait arriver de grands malheurs entre nous.

— Oh ! oh ! tu es bien hardi !... Ne faudrait-il pas que je règle les vols comme les héritages ? En voilà assez ! Lève-toi et va-t'en.

— Allah ! il n'y a donc plus de justice, soupirait le filou en s'éloignant d'un air indigné.

Au Maroc tout le monde se vole. Les fils volent leur père, les filles volent leur mère, le mari vole sa femme, les tribus se volent entre elles ; et, quand on veut commencer une enquête, il est impossible de se retrouver dans cette suite de ruses, de mensonges et de fourberies qui, quatre ou cinq fois par jour, s'interrompt par les prières et les ablutions de la mosquée.

A la fin du jour, l'Arabe, qui a la consience d'avoir respecté son Dieu, respecté son père ; respecté son chef — et qui n'a manqué qu'à une chose, le respect de la propriété — l'Arabe s'endort content de lui et plein de mépris pour le Roumi... Tandis que nous, chrétiens, qui avons manqué toute la journée au respect de Dieu, au respect du père de famille, au respect de l'autorité — et qui n'avons respecté qu'une chose, la propriété — nous nous endormons contents de nous-mêmes et pleins de mépris pour l'Arabe.

Lequel des deux se trompe ? Toute la question est là.

VII

Tétuan

Entre Ceuta et Melilla, le bateau longe une côte de bruyères en fleurs jusqu'à l'embouchure de L'oued El-Jélou. Des bouquets de palmiers frissonnent sur les pentes et, vers le soir, au moment où le soleil décline et rougit l'eau souriante, après une chevauchée d'une heure, nous sommes sous les murs d'une grande ville : c'est Tétuan.

Il faut le hasard d'un caprice ou d'une mésaventure, pour découvrir cette merveille du Maroc septentrional. J'aurais reconnu, entre cent autres, la voluptueuse et claire cité, tant j'avais écouté les récits de ses visiteurs d'autrefois. Son nom redit par les poètes sonne harmonieusement. Moins profanée que Tanger par la présence des touristes, environnée par la spendeur des montagnes et de la mer, elle est proche et lointaine. Derrière elle, c'est l'immensité des terres mystérieuses. La voici, moderne et barbare, neuve et vieille, étrangement composite avec ses trois quartiers où trois races se coudoient pour se rejoindre sur le Socco. Le petit troupeau gris des maisons espagnoles se perd dans la cité arabe et dans les jardins fleuris. « Tétuan ! c'est la perle du Maghreb, la cité splendide, dont le ciel lui-même est ébloui », comme dit la légende !...

Hélas ! on n'a guère le loisir d'écouter l'écho de ces douces paroles, durant l'opération très longue et tout à fait odieuse de l'installation dans une mauvaise auberge. Des domestiques échappés, sans doute, des profondeurs de la caverne d'Ali Baba, envahissent ma chambre. Bousculé, poussé, tiré à droite et à gauche, totalement étourdi, j'arrive, au bout d'une heure, à les mettre à la porte, quand un barbier andalou se glisse jusqu'à moi. Il me tend sa carte :

« Fernandez — Péluquiera et barbéria. — Si afeita et si limpia la cabezia, Tétuan ».

Ce Fernandez, chez lequel tour à tour, « on rase et on lave la tête », m'ayant assuré qu'il est infiniment honoré d'avoir à coiffer un très grand seigneur, se prépare aussitôt à me rendre irrésistible.

Au premier coup de ciseaux, il fredonne :

— Tra la — la la la — la — la !

Et, sautillant, le peigne sur l'oreille, il va, comme un danseur, de la commode à la cuvette, de la cuvette au « braséro ».

— Tra — la la la — la la la...

Et il recule d'un pas pour jeter un coup d'œil admiratif sur la moustache qu'il vient de friser.

Tra — la la la, c'est terminé. Je peux quitter l'hôtellerie et parcourir seul les rues, car j'aime errer la nuit dans les villes inédites, fouiller l'âme des cités, les peupler de types nobles, puérils ou baroques, sauter d'un siècle à l'autre au gré de ma fantaisie.

La nuit, les maisons ont des allures de fantômes ; les habitations modernes un cachet ancien ; les cathédrales et les mosquées prennent des airs de déesses planant, dédaigneuses sur d'autres Lilliputs. N'ai-je pas aperçu des maisons ivres, d'autres grimaçantes, d'autres encore, amoureuses ? Que de souvenirs nocturnes n'ai-je pas recueillis au cours de ma vie errante ! Je revois Water-street, dans l'île de Manhattan, à New-York, où des matelots avinés martyrisaient de pauvres filles ; un soir de juin, à Amsterdam, un soir de fête où l'électricité laissait tomber sa clarté pâle sur des boats chargés de tulipes ; à Stockholm, autour du vieux château ; à Venise, sur la place Saint-Marc ; à Alger, Québec, Hong-Kong, Bombay, partout enfin où je suis arrivé de nuit, j'ai préféré à la chambre d'hôtel, banale et triste, le vagabondage à travers la ville, la reconnaissance première... Dans les ténèbres, on peut rêver la cité qu'on désire, tandis que le jour plus vrai, plus précis, plus brutal, amène toujours avec lui le cortège des déceptions.

Le soir, à Tétuan, on croise parfois des « désenchantées ». Leurs grâces nonchalantes sont un peu lourdes ; et il y a, dans tous leurs mouvements, comme une pesante langueur. Mais, dans la blancheur des visages, les lèvres sont rouges, l'arc des sourcils est hardiment tracé ; et, des yeux bruns, noyés d'indolence, sous le voile des longs cils, partent quelquefois d'ardents rayons qui plongent jusqu'au fond des âmes. Elles parlent, les désenchantées, d'une voix qui traîne, un langage enfantin ; on sent déjà, à leur frivolité charmante, à leur nullité délicieuse, que ces métisses sont à la lisière de l'Islam et que, peut-être, à l'encontre de celles de Pierre Loti, elles ne seraient pas trop dépaysées dans l'immense volière musulmane, où les femmes encagées gazouillent, roucoulent, s'amusent et s'ennuient, comme de gentils oiseaux...

O ! la gracieuse silhouette, entrevue sur une terrasse, au souk des Jaabins dans la ville arabe ! Un Goya. Joli et fin visage de jeune fille où le rose animé des pommettes étonne sur le ton mat du teint. Un soupçon de poudre en atténue peut-être la chaleur. C'est comme une mousseline blanche sur un transparent de taffetas chair, ces transparences que le maître castillan sait si bien donner aux carnations de ses femmes. Les yeux aussi ont cet éclat, ce velouté et ce noir qui font que les sénoras nous poursuivent. En la suivant des yeux, en la regardant évoluer, je songe à ces vers de Baudelaire :

Avec ses vêtements ondoyants et nacrés,
Même quand elle marche on croirait qu'elle danse,
Comme ces longs serpents que les jongleurs sacrés
Au bout de leurs bâtons agitent en cadence.

Et dans cette rue encombrée de fabricants de fusils indigènes, ce visage pâle, ces yeux changeants font retourner chacun par leur symbolisme. Je cherche un terme de comparaison. Connaissez-vous la sensitive ? C'est une plante minuscule dont les feuilles minces et finement découpées s'étiolent au premier contact. Mon

Goya me fait songer à cette plante délicate. A la moindre émotion les feuillets de ce cœur virginal doivent se replier, toujours comme la sensitive, pour se rouvrir aux premières joies..

D'ici de là, tantôt c'est un musicien qui fait pleurer son instrument, tantôt un chanteur qui tire du fond de sa gorge des notes aiguës. Quelle nuit de visions lointaines où apparaît l'histoire d'une race épique, mais stérile, si souvent victorieuse et maintenant vaincue ? Ces buveurs de café, ces fumeurs de narghilé, ces visages et ces costumes, rien de tout cela n'a changé depuis des siècles. Le temps n'existe pas pour la caravane qui s'arrête au bord des sources. Mais pendant que les fils de l'Islam se reposent près des chameaux accroupis, d'autres tribus marchent sans repos et sans trêve. Elles poussent devant elles, comme un troupeau, les peuples désœuvrés qui traînent dans les sentes des déserts ; elles les réduisent sans même qu'ils s'en aperçoivent, à une sujétion dont ils voudront peut-être sortir un jour dans un accès de rage et de folle panique. Ce jour-là, il y aura de grands coups de sabre, des fusillades terribles, des incendies, du sang, des larmes.

Ces pensées se précisent en moi à mesure que je m'enfonce dans les ruelles noires et montantes de la casbah. Des gens passent, portant des falots, frôlant les murs comme des ombres et disparaissent par des portes basses. Puis toute vie cesse. Les maisons avec leurs terrasses abandonnées et leurs fenêtres grillées ont l'air d'être muettes, aveugles, mortes. Le vent fait un bruit léger dans des feuillages de clématites en fleurs et des fontaines, par moments, chuchotent sous les branches immobiles des arbres. Perdu dans ce labyrinthe, je descends vers une mosquée dont les lampions achèvent de s'éteindre.

Le croissant de la lune argente la pointe effilée du minaret au-dessus de la galerie ajourée d'où la cantilène du muezzin, plusieurs fois par jour, appelle, des quatre points de l'horizon, les fidèles à la prière.

La natte de paille tressée qui sert à fermer la porte de la mosquée est roulée jusqu'aux deux tiers de la hauteur des montants ; et, dans un encadrement de lumière, sous des lampes de cuivre suspendues aux voûtes, j'aperçois une dizaine d'Arabes et de Berbères du Rif, prosternés à plat ventre sur le marbre. Par moments, ils se relèvent, les bras croisés sur la poitrine et marmottent des paroles que je ne comprends pas. Un homme en turban blanc est debout et psalmodie, sur un ton nasillard, de monotones formules. Quand il a fini sa phrase, brusquement les fidèles retombent à terre, tous ensemble, avec un bruit sourd de mains qui s'aplatissent. Leurs pieds nus et rugueux s'alignent sur les dessins du marbre et leurs lèvres, en s'ouvrant pour murmurer des oraisons, font remuer leurs longues barbes.

J'erre encore au milieu des maisons endormies, lorsque la pâleur du matin vient effacer lentement les étoiles. Au moment où le soleil empourpre la crête des collines, je me trouve à l'entrée du quartier israélite.

Les Juifs, très nombreux au Maroc, sont parqués — sauf à Tanger — dans les quartiers spéciaux. Eveillés, agiles et fripons, ils se glissent partout, serviles, obséquieux et bavards. Les Arabes, qui ne les aiment guère, inventent sur leur compte toutes sortes d'histoires.

— Tu sais, me disait un jour Ahmed, mon guide, que les Juifs se réunissent la nuit pour égorger les petits garçons et leur manger la cervelle.

Ce même Ahmed m'affirmait encore que, lorsque des israélites s'avisent de jeter du grain dans un sillon, la terre, à cet endroit, sèche et défleurit.

On les méprise à tel point que, si l'un deux se hasarde hors du Mellah, il s'expose à recevoir une bordée d'injures. Des voix féminines glapissent derrière les grilles des moucharabiehs ; des enfants sortent des maisons et courent après le maudit. Le juif s'en va la tête basse en rasant les murs et murmure entre ses dents, pour se venger, une série d'anathèmes que ses ennemis n'entendent pas mais qui, dans son esprit, doivent leur porter malheur.

Chassés de partout, les juifs marocains traînent dans les taudis de leur ghetto une existence lamentable. Leur race se multiplie cependant avec un entrain mélancolique et indompté. Sur le pavé glissant, parmi les flaques de boues, des enfants ébouriffés jouent et se chamaillent. Les femmes, comme nos paysannes françaises, aux soirs d'été, sont assises au seuil des portes. Beaucoup paraissent jolies. Malheureusement, dès qu'elles dépassent quinze ou seize ans, elles se transforment. Les belles jeunes filles, au teint mât et aux yeux sauvages, les maigres adolescentes aux formes grêles et fines s'enflent en rondeurs démesurées et deviennent de pesantes et flasques matrones.

Les hommes ont des barbes incultes et portent des fez de couleur sombre. Très polyglottes, ils parlent l'arabe, l'espagnol, l'anglais et souvent le français. Ils se vengent du mépris universel en vendant tout ce qui est vendable et même ce qui ne l'est pas. A Tétuan comme à Tanger, ils flairent une proie dans l'homme dépaysé qui erre par les souks, un Bedecker à la main. Dès lors, ils ne le quittent plus et se présentent à lui sous toutes les formes : commissionnaires, courtiers ou négociants. Mais sous ces différents aspects, sous la robe du pauvre diable comme sous le veston du riche commerçant, c'est toujours le même type empressé, l'éternel intermédiaire passif et rapace, l'usurier ardent au gain, parlementant des heures entières pour brocanter un poignard, une selle arabe, une soirée chez des danseuses ou des babouches brodées...

En parcourant le Mellah si peuplé de femmes échevelées, on songe au chapitre où Hérodote décrit avec tant de précision les devoirs d'hospitalité que la religion imposait jadis aux prêtresses de Mylitta. Mais dans le rire mauvais et dans les yeux luisants de ces réprouvées, on peut lire, en même temps que le désir du gain, la joie canaille de faire connaître à des Anglais, congestionnés comme à tous les Perrichons en quête de sensations neuves, un Paradis de Mahomet dont le décor en carton-pâte serait emprunté à nos cafés-concerts.

Dans le quartier arabe, dans les rues commerçantes, le promeneur un peu abasourdi par sa visite chez les juifs et lassé de leurs supplications multiples, finit par céder aux tentations dont il est assiégé ; il s'assied, de guerre lasse, près d'une boutique ; il engage par gestes une conversation avec le marchand qui déballe toute la pacotille. On décroche les babouches et les écharpes brodées, les fez et les défroques soutachés d'argent, les panoplies de pistolets et de cimeterres. On déroule le chatoiement velouté des tapis.

Malgré le souvenir de bien des scènes pareilles, le touriste se laisse ensorceler par le charme d'un beau rêve. Après avoir visité son gousset, il permet aux complaisants qui l'entourent de héler un portefaix. Et sur les ép[illegible] du berbère, dont les jambes s'arcboutent comme deux piliers fléchissants, on empile, à la hâte,

BIBLIOTHÈQUE NATIONALE R.F.

une cargaison d'objets qui suffiraient à faire la joie de six Parisiennes, éprises d'exotisme...

Au moment de tenter une fois de plus l'inconnu, de m'enfoncer dans le sombre Maghreb, je regrette Tétuan; j'en aime les clairs matins, les heures de soleil où toute vie semble arrêtée et les nuits enchanteresses. Le songe est berceur et la nonchalance divine dans ce mol et caressant climat.

En quittant la cité, dans la cohue remuante des souks, je vois encore la figure immémoriale de l'immobile Orient. Les races musulmanes ressemblent aux momies égyptiennes ; elles ne changent guère parce qu'elles sont mortes : et c'est faute de progrès que ce pays, las de produire des hommes nouveaux et des peuples jeunes, conserve si fidèlement l'aspect matériel des siècles évanouis...

VIII

Au Camp de Raisouli

Quand on prononce au Maroc ce nom de Raisouli, qui est à la fois un drapeau, un emblème, un cri de guerre, Maures, Arabes, Berbères, manifestent des sentiments de respect. Mais, à vrai dire, ce respect se nuance suivant qu'il s'adresse au caïd Raisouli, gouverneur des montagnes ; au chérif Raisouli, descendant du Prophète, ou bien encore au brigand Raisouli, dont Cartouche et Mandrin ne désavoueraient pas les exploits.

C'est avec ce bandit, ce prestigieux colosse à la face souriante, que je viens de passer la journée et c'est au camp fortifié de Zinat que j'écris ces lignes, couché à plat ventre sous la tente-guérite d'un de ses factionnaires. Dans mes souvenirs de voyageur, tantôt monotones comme les déserts sans fin, tantôt curieux comme une nature vierge qui sans cesse se renouvelle, chez les Indiens des Montagnes Rocheuses comme chez les sauvages du Laos, je ne me rappelle rien de tel.

A mon retour de Tétuan, dès que j'ai manifesté à Tanger le désir d'aller faire une visite à Raisouli et de lui demander la protection de ses hommes pour me conduire à El- Czar, les uns m'ont ri au nez, me prenant pour un fou ; les autres m'ont énuméré, avec un prud'hommesque effroi, les dangers à courir :

— Aller voir Raisouli ? me disait-on... Mais vous n'y songez pas ! Il habite la montagne, et sa garde de fanatiques ne compte pas moins de sept cents cavaliers armés de carabines Mauser... Rappelez-vous, d'ailleurs, l'affaire Perdicaris...

A ceci j'objectais :

— M. Perdicaris était un multi-millionnaire américain qui pouvait fournir une rançon princière. Moi je ne suis qu'un pauvre diable de globe-trotter qui n'a guère que sa peau, et sa peau ou rien, pour lui, c'est presque la même chose.

Des jours passèrent. Si je songeais encore à Raisouli, j'évitais d'en parler et je paraissais avoir purement et simplement abandonné mon projet quand, ce matin, de très bonne heure, j'ai fait seller les chevaux et averti Amehd, que nous partions pour un village que je lui ferais connaître en cours de route.

Lorsque nous traversions le Socco, il tombait une pluie fine, une sorte de « scotch mist » qui glaçait jusqu'aux os..

Maintenant le soleil est radieux. Au lieu des têtes jaunes et terreuses, des masques ternes dans lesquels perçaient des yeux étranges, méchants, haineux, ce sont des visages éclairés d'une belle lumière qu'on aperçoit.

Trois heures de route ont suffi pour nous transporter en plein Maghreb, dans un pays révolté, où les caravanes ne veulent plus passer.

Nous montons par les sentes désertes, à travers des champs désolés. Le silence est profond ; on sent qu'il n'est pas seulement autour de nous, mais que, pendant des centaines de kilomètres, rien ne bouge non plus. C'est un silence qui vient de loin et fait de beaucoup de silences. On n'entend plus les bruits de la terre et pas encore ceux du ciel où volent des aigles ; on se sent dans l'espace.

On oublie la bête qui vous porte, il semble qu'on soit impalpable. Mais, pour nous rappeler à la misère humaine, sur les collines vertes des tentes délabrées apparaissent, où de pauvres existences s'écoulent ; plus loin, ce sont de malheureux Arabes qui poussent à coups de trique des ânes pelés et galeux. Dès qu'il les aperçoit, Amehd, plus encore avec un indéfinissable geste de mépris, qu'avec son éternel « Baleuk ! Baleuk ! » les écarte de notre passage.

Les montagnes se hérissent, les sentes redeviennent solitaires. Nos chevaux côtoient avec sûreté des abîmes et les monts s'étendent, s'élèvent pour mieux aspirer les nuages ; ils pénètrent de leurs ailes gigantesques, dans un ciel que nous ne voyons plus. Dans un quart d'heure nous serons à Zinat, au camp de Raisouli...

Un mamelon rocailleux que les caprices de la nature ont fortifié, un château du XIIe siècle, créé par le hasard d'une révolution volcanique et dont le temps a patiemment démanché les tourelles. Dominant le tout, des toits de chaume et des toits aigus de tentes : tel est le fief du célèbre brigand.

Dans des prés fleuris de boutons d'or qui forment l'avenue de cette forteresse, d'autres tentes sont posées en avant-postes. Et des montagnards solides, couchés dans l'herbe, la carabine à portée de la main, surveillent l'horizon pour la sécurité du chef.

Un brouhaha. Nous sommes signalés. De toutes parts, des hommes armés apparaissent. Ils sortent de leurs logements respectifs, ils émergent des rochers. En trois minutes, on nous entoure. Et ce sont des cris et des gestes. Les uns ricanent méchamment, tandis que d'autres, furieux, semblent nous dire :

— Passez votre chemin ou gare à vous !

Sur le mamelon, dans le village, un mot sort de toutes les bouches : « Aroumi ! Aroumi ! »

A quoi je réponds en répétant inlassablement la formule de l'Islam : « La Ilaha ill allah ! »

Un mouvement se produit dans cette foule de sauvages ; puis, un silence. On s'écarte. Raisouli est devant nous.

Sans descendre de cheval, je le salue la main sur mon cœur, suivant la coutume arabe, pendant qu'Amehd, à qui j'ai fait la leçon s'avance pour expliquer que nous sommes les messagers d'un ancien forçat, son compagnon de captivité au bagne de Mogador. Cette recommandation singulière nous vaut assurément mieux que celle d'un ambassadeur, car tout de suite la glace est rompue et Raisouli écarte d'un geste les hommes qui nous entourent.

— Nous venons te faire une amicale visite, dit Amehd, et te demander aide et protection. Le Roumi que tu vois à côté de moi n'a aucune pensée hostile. C'est un pacifique lettré d'Occident qui désire aller de Tanger à El-Czar, par la route que suivaient autrefois les caravanes. Nous connaissons ta force, ta loyauté, ta grandeur d'âme; et nous remettons notre sort entre tes mains. Le Roumi t'apporte, comme gages d'amitié, un revolver, un pain de sucre et des chandelles.

A l'idée que nous avons l'intention d'éclairer Son Excellence,le caïd nous invite à descendre de cheval et nous nous dirigeons, par une rampe escarpée, vers son repaire. Incapable de contenir sa joie, et ne pouvant, faute de savoir l'anglais ou le français, m'exprimer à moi-même sa reconnaissance, il harangue ses sous-ordres d'une voix criarde. Et,si je ne savais pas que ce discours célèbre mes louanges, je pourrais supposer, d'après le ton de l'orateur, que je vais être exécuté sur l'heure.

Raisouli, qui marque quarante-cinq ans, n'a pas un extérieur farouche ; son visage, au contraire, exprime la bonhomie ; il semble bien disposé pour moi et les cadeaux que je viens de lui faire me concilient sa précieuse amitié.

L'habitation du caïd se compose d'un bâtiment principal et d'un corps-de-garde antichambre dans lequel nous nous installons Et quand nous sommes accroupis sur des nattes, devant de minuscules tasses dans lesquelles un jeune Soudanais a versé du café turc, nous causons.

— Je n'appartiens pas, dis-je, à la classe de ces roumis ignorants qui te confondent avec des brigands vulgaires, et je n'ignore pas que, si tu as enlevé M. Perdicaris de sa maison de campagne, c'est moins pour le rançonner que pour faire un coup d'éclat qui attirerait l'attention des pays civilisés et montrerait l'impérieuse nécessité d'une organisation nouvelle au Maroc.

Amehd traduit. Puis, Raisouli répond en se grattant la tête à la façon de ces écoliers qui semblent vouloir arracher de leur cerveau, avec leurs doigts, une leçon qu'ils n'y ont pas imprimée :

— Si j'ai vu beaucoup de roumis dans mon existence, tu es le premier auquel je fais l'amitié de le recevoir chez moi... De cette affaire Perdicaris qu'on me reproche avec tant d'amertume je n'ai pas profité. Les 350,000 francs qu'on m'a versés ont servi à armer les montagnards qui m'entouront, et m'aident à défendre moins ma personne que mes idées. Armés, ils résistent aux prétentions injustifiées de la mahalla du Sultan, ils n'ont pas à payer d'impôts vexatoires, ils respirent, ils sont des hommes libres... Je ne sais plus à la suite de quel méfait — j'en ai tant commis qu'Allah lui-même, par oubli, doit me les pardonner ! — le Sultan, avec une traîtrise rare m'ayant fait inviter chez un caïd de ma connaissance, donna l'ordre de m'arrêter sous le toit et par les soins de l'homme dont j'étais l'hôte... J'ai connu les prisons de Mogador, les heures tristes du bagne, et je me méfie encore, quoique caïd, de la perfidie d'Abd-el-Azíz... de Tanger à Tétuan. je suis le maître et je veux le rester.

— On m'a dit, cependant, que tu étais un esprit libéral et que tu désirais des réformes.

— Quand je parle d'être le maître, je veux dire par là que j'entends tenir Moulay Abd-el-Aziz en échec, tant qu'il ne voudra pas s'occuper, avec le seul concours des Marocains, d'une réorganisation sérieuse du Maghzen. Par contre lorsque je verrai certains qiàd prélever trois fois de suite l'impôt chez des gens qui meurent de faim, je dirai au Sultan : « Je suis le maître ici et ta mahalla ne viendra pas dans mes montagnes ». Tu vois que Raisouli est moins brigand que ceux contre lesquels il s'insurge.

Après un silence, il reprend :

— D'ailleurs, que les Roumis restent chez eux et les fils de l'Islam sur la terre d'Afrique.

— Il faut accepter, dans certains cas, dis-je le fait accompli. Les Européens ont des intérêts sur la côte et les Arabes, qui sont en rapport quotidien avec eux, ne s'en plaignent pas... Je me suis laissé dire qu'on te voyait beaucoup à Tanger autrefois, et il n'y a pas trois jours que j'ai rencontré ton frère sur le Socco.

— Ce qui est fait est fait, soit! Mais nous devons élever une barrière à vos prétentions nouvelles. En nous rappelant que nos pères ont conquis l'Espagne, nous relèverons les murs de nos forteresses qui s'émiettent lentement, sous leur linceuil de mousse. Sur cet empire dévasté où passent trop d'ombres blanches, indifférentes pour le présent, sans un regret pour le passé, un espoir pour l'avenir, nous bâtirons, mes montagnards et moi, la citadelle de l'Islam invincible !...

Longtemps, longtemps, nous avons causé, accroupis sur les nattes, devant la minuscule tasse et, tandis qu'il parlait, je songeais qu'en d'autres temps, ce bandit, échappé d'un conte fantastique, apparaîtrait aussi beau, aussi noble qu'un héros de légende.

Quand nous remontons à cheval, Amehd et

moi, en mon honneur, la poudre parle avec fracas. Sur le tapis des prairies semées de boutons d'or, des fantasias succèdent à d'autres fantasias.

Les cavaliers partent au galop de charge ; les chelils de soie aux franges multicolores flottent sur les croupes ; les carabines, jetées en l'air, retombent dans des mains habiles. Puis c'est, après la pétarade finale, une halte soudaine.

Un regret me vient en regagnant Tanger, — regret bizarre, mais qui persiste : celui de ne pas être un brigand comme Raisouli et de me voir obligé de retomber tout de gô, après cette inoubliable journée, dans les misères de la civilisation.

IX

EL-CZAR

L'oued el Mekhasen atteint sans difficulté ; l'oued el Mekhasen traversé avec une désespérante lenteur, nous sommes bientôt en vue d'El-Czar.

La cité de Yaccoub el Mansour s'étend sur les rives de l'oued Loukhos et ses minarets apparaissent de loin encadrés d'oliviers et d'orangers. Autour, c'est la plaine avec, au fond — cadre bien sombre pour un si verdoyant tableau — la chaîne des Djebala. La mosquée de Sidi Yaccoub et la Koubba de Moulay Ali bou Jhabeb marquent l'entrée de cette ville aux murs tapissés de mousses, de liserons et de jasmins.

Derrière des murailles qui croulent, entourées de palissades disjointes, s'étendent d'immenses jardins où les palmiers et les cactus voisinent avec un impénétrable fouillis de plantes entrelacées. Plus loin, ce sont des masures profilant leurs ruines sur le ciel bleu, qu'un soleil éclatant colore d'une teinte dorée. Mêlés aux terrasses, apparaissent des toits à double pente, en tuiles, sur lesquels se tiennent des cigognes, pareilles à ces marabouts d'Extrême-Asie qui restent des heures entières, immobiles au sommet des arbres.

El-Czar, qui date du moyen-âge, est une cité sans tradition et sans caractère, malgré ses portes ogivales minées à la base, usées aux angles et sur lesquelles on devine plutôt qu'on ne voit des traces de festons d'arabesques aux arêtes émoussées.

Elle était tout récemment gourvernée par le Pacha de Larache, Si Mohammed ben Mohammed ben Zasem El Mokhtari El Gueddari El Hasnaouï. Bien que son nom soit d'une longueur désespérante et difficile à retenir sans un considérable effort de mémoire, il n'est pas inutile de connaître ce caïd qui restera légendaire dans les annales de l'administration marocaine. C'est un sincère ennemi de la France, mais celle-ci n'y perd rien, si j'en crois notre agent consulaire.

C'est sur sa plainte que Mohammed el Gueddari a reçu l'ordre de regagner Fez dans le plus bref délai et, il est vraisemblable qu'il ne reverra plus la province dont il fut gouverneur.

Quand ce singulier fonctionnaire avait besoin d'argent pour ses menus plaisirs, il n'hésitait pas à faire arrêter, sans raison, les plus riches habitants de Larache et d'El-Czar. C'est ainsi qu'il écrivait récemment à son kalifa : « Au reçu de ma lettre vous ferez emprisonner Si Mohammed, fils de Si Abdessalam El Kantri et vous ne le remettrez en liberté que contre un paiement de cent douros ». La victime ayant fait remettre les cent douros désirés au Pacha, celui-ci écrivait aussitôt. « Je vous accuse réception des cent douros d'El Kantri. Qu'il m'en envoie cent autres et je verrai alors s'il sera possible de le remettre en liberté provisoire. » Ce dernier mot est de trop : on sait, en effet, qu'au Maroc la *liberté* est toujours *provisoire* pour les sujets d'Abd-el-Aziz.

Aux prisonniers qui n'avaient pas d'argent liquide, mais dont la situation pécuniaire était satisfaisante, ce Pacha de vaudeville faisait avancer leur rançon par un homme de paille à raison de cent pour cent par mois.

C'est au moment précis où, durant notre halte, on me raconte cette suggestive histoire qu'un rakkas, courrier privé qui m'est envoyé de Fez par Mohammed el Djelloud, m'apprend que le Sultan effrayé d'une part, des prétentions excessives de l'Allemagne et de la transformation trop subite, d'autre part, que propose la France, cherche à gagner du temps, en proposant la réunion d'une conférence internationale.

Cette nouvelle, que j'envoie le rakkas télégraphier à Tanger, vingt-quatre heures au moins avant le représentant de l'Agence Havas, ne m'étonne pas outre mesure. Ceux qui ont suivi de près les affaires du Magreb savent que de semblables réunions ont eu lieu entre les plénipotentiaires accrédités au Maroc et qu'elles n'ont jamais abouti. Les fonctionnaires du Maghzen ont pensé qu'il était habile de les renvoyer s'expliquer entre eux. Mais ils ont compté sans leurs hôtes français, compté sans les Anglais et les Espagnols, nos alliés d'hier.

Et c'est en vain qu'on voudra voir dans cette volte-face le triomphe de la politique allemande. Ceux qui savent et qui basent leur opinion sur autre chose que des gestes, diront plutôt que c'est sa défaite. A la brutalité du comte de Tattenbach, le diplomate qui ne songeait guère à respecter la neutralité de l'empire chérifien quand il y faisait débarquer des soldats prussiens ; aux prétentions excessives du Kaiser qui songeait déjà à retirer les fruits de sa visite en accaparant toutes sortes de concessions, le Sultan répond par un *non possumus*.

Une chose reste, qu'on ne nous enlèvera pas :

ce sont nos 1200 kilomètres de frontière. Et que l'Allemagne le veuille ou non, comparés aux nôtres, elle n'a ici que des intérêts infimes. En laissant de côté des statistiques aussi officielles qu'inexactes nous savons qu'il n'existe que trente-six maisons de commerce allemandes, opérant avec un capital de huit millions de marks, soit 23,000 marks par maison. Celles-ci ne travaillent pas qu'avec l'Allemagne. Leur trafic se fait également avec l'Angleterre, la France, l'Espagne, l'Italie, la Belgique et l'Amérique.

A Tanger, je ne connais que cinq maisons allemandes et la propriété foncière s'élève à quatre cent mille marcks avec les immeubles officiels de la légation, des consulats et de la poste. Enfin y *compris les protégés*, cent trente-cinq sujets résident sur la côte

Devant un tel bluff, c'est le moment ou jamais de citer cette réflexion du *Berliner Tageblatt :* « Le télégramme du Kaiser à Krüger n'a pas empêché la chute des deux républiques boers ; il en a peut-être été directement la cause. La visite de Guillaume II à Tanger et la campagne officieuse de la presse allemande n'empêcheront pas la France de prendre, quand le moment sera venu, possession du vieux Maghreb. »

Que la prophétie de la feuille allemande se réalise et le Kaiser en sera pour ses effets de torse, devant des Arabes pouilleux, galeux et crasseux, sur le Socco de Tanger.

X

Dans les sentes fleuries

Aller d'El-Czar à Ouezzan, par les territoires des tribus djebaliennes d'Ahel Sérif et de Renouha, ce n'est pas faire un voyage, mais une promenade.

Journée enchanteresse ; on a la vision d'un Maghreb encadré de fleurs, radieux sous une auréole de lumière, beau comme un paysage de Claude Lorrain. Beaucoup d'extraordinaire se mêle à beaucoup d'imprévu ; le rêve du christianisme voisine avec les splendeurs déchues de l'Islam. Cela n'attriste pas : l'abandon ici se dissimule sous des fleurs et les ruines, éclairées d'un reflet d'or, ressemblent à des arcs de triomphe. La plaine et la montagne forment de pittoresques oppositions de couleurs. Aux teintes d'améthyste dominées par des roses lointains se heurtent, çà et là, des notes sombres, sortes de point d'arrêt qui reposent l'œil. Rien d'incertain ni de noyé dans cet admirable panorama traversé par les sinuosités de l'oued Loukhos.

Les montagnes, d'abord revêtues de tons lilas, prennent des teintes plus accentuées, vers le soir, quand nous arrivons en vue d'Ouezzan et toutes les gloires du soleil couchant viennent empourprer ses coupoles. Les giroflées qui sortent d'entre les mousses jaunes, les verveines qui courent sur le sol tapissé de leurs éclatantes arabesques, les jasmins et les roses, dont le feuillage grimpe le long des fontaines, paraissent enivrés de jeunesse. La beauté du ciel verse sur l'espace comme un reflet de l'Olympe et l'on dirait qu'Allah a vidé sa coupe dans les airs illuminés par son passage...

Arrivée silencieuse : le crépuscule est venu, mêlant ses grandes ombres solennelles aux dernières lueurs du jour. Du rose pâle et du noir velouté ; un assemblage de clartés chaudes et de ténèbres transparentes, de contours arrondis et de lignes simples ; bref, le paysage classique tel qu'il a été compris par les anciens peintres, le beau paysage antique avec son horizon de montagnes noblement découpées et ses premiers plans nettement accusés...

XI

Ouezzan

Réveil dans l'Arsat-es-Sultan, où tous les Européens de passage à Ouezzan reçoivent l'hospitalité du chérif.

Dans un enclos planté d'arbres fruitiers, au milieu de parterres semés de fleurs et de légumes, une maison carrée ; à côté un bassin plein d'eau sur lequel s'ouvre une manzah, séparée des jardins par un mur ; c'est notre hôtellerie.

Malgré l'heure matinale, le soleil a déjà transformé la ville en fournaise. L'air en fusion brille au-dessus des pavés et Ouezzan m'apparaît comme un charnier entouré de murailles. Tout y pourrit, les chiens morts dans les sentes, les religions dans les mosquées. Mais quelle lumière et quel ciel ! Les roses foisonnent dans le jardin où règne un silence qui contraste avec l'animation populaire et criarde des rues.

Gueux, descendants de gueux, bandits paresseux, voleurs orgueilleux et minables qui trouvent le travail humiliant pour l'homme libre, les pleure-misère sont une des spécialités les plus curieuses du Maghreb ; la teinte neutre et sale de leurs vêtements troués est l'une des couleurs dont il charge sa palette ; leurs récitatifs quémandeurs sont l'une des notes du concert que donne au voyageur l'écho de ses darabouks, la sonorité de sa langue, l'éclat de rire de ses bouffons.

En parcourant la ville, on marche à toute minute sur des débris de légumes et sur des immondices. Les maisons sont basses, les murs sales et dégradés. Çà et là ce sont des arches et des voûtes ruinées près desquelles passent sans s'arrêter des Berbères, des Maures, des Noirs et de rares Européens... Aussi, bien que le pavillon de l'Arsat-es-Sultan n'ait pas de plafonds resplendissants de dorures ; que les murailles ne soient pas décorées d'étoffes de soie ; qu'en guise de sofas et de moelleux coussins, nous n'ayons que nos lits de camp et nos selles, c'est là que je me cantonnerai jusqu'au départ, aussitôt après ma visite p. p. c. au chérif.

Le chérif d'Ouezzan, Moulay-el-Arbi, est l'aîné des cinq fils de Moulay Abd-el-Salem, notre allié, décédé en 1892.

Sidi-el-Hadj-el-Salam était autrefois lep lus grand personnage de l'empire après le Sultan, dont il balançait parfois l'autorité. Mais il a prouvé qu'il était un prophète incomplet, qu'il secouait avec désinvolture les servitudes attachées aux grandes dignités, qu'il cherchait avant les agréments éternels du Paradis, les félicités passagères de l'existence humaine. Si convaincu qu'il pût être de la divinité de sa nature, il s'égayait aux dépens des naïfs qui baisaient dévotement le bord de sa robe et, quoiqu'il fut persuadé que sa bénédiction procurait aux femmes stériles une heureuse fécondité et qu'il guérissait les malades en leur crachant à la figure, il se moquait parfois de la sottise de ses compatriotes. Il prit en dégoût le séjour de la ville sainte, il éprouva le besoin de flirter avec l'Europe et il transféra son domicile à Tanger, ce qui causa un grand scandale. On s'émut bien davantage quand on apprit que Hadj-el-Salem venait de licencier son harem pour épouser une Anglaise. Tout le Maghreb en pâlit.

Un chérif qui se permet de s'ennuyer à Ouezzan, un prophète qui déménage à la cloche de bois et met sa montre au mont-de-piété comme un vulgaire étudiant, un prophète qui tombe amoureux d'une fille d'Albion, compromet terriblement son crédit.

Quand un saint personnage les scandalise par ses excentricités, les Marocains insinuent qu'il est possédé de la *grâce*. Ils le proclament archi-saint, et les archi-saints sont regardés comme des irresponsables à qui personne n'est tenu d'obéir. Hajd-el-Salem s'était si fort discrédité par ses incartades, que les qiâd en usaient sans façon avec lui; il n'y vit d'autre remède que de réclamer notre protection qui lui fut accordée. Quoique déchu de sa grande autorité, ce chérif fantaisiste n'en demeurait pas moins le plus grand propriétaire foncier — et si, à l'heure présente, le Sultan tentait de dépouiller ses fils, il fournirait à la France l'occasion de s'ingérer dans les affaires marocaines.

Mouley-el-Arbi, le chef de la maison, dépositaire de la « Baraka » est fou et ce sont ses neveux Mouley Amehd et Mouley Ali qui dirigent les exploitations agricoles et reçoivent les étrangers dans le palais des chérifs...

Près de la mosquée, un mur le long duquel sont couchés cinquante serviteurs. L'un d'eux ouvre une porte basse donnant accès dans une sorte d'antichambre. Une seconde porte qui précède un corridor traversée, quelques marches descendues, et nous sommes dans le jardin qui précède les appartements privés.

Quand on m'introduit, Amehd et Mouha qui m'escortent baisent le seuil de la porte, et nous entrons dans une vaste pièce pavée de mosaïques où sont installés, sur des sofas, les deux petits-fils d'Abd-el-Salem. Ils ont le teint légèrement foncé, les paupières lourdes, les lèvres fortes et le nez aquilin qui caractérisent leur race. Leur physionomie reflète l'indifférence totale des choses. Ils nous reçoivent avec un air de lassitude extrême et semblent nous dire dès le début de l'entretien : « Est-ce que vous n'allez pas bientôt débarrasser le tapis sur lequel vous venez de vous installer ? »

Visite insignifiante, en somme ; échange de vagues politesses devant des tasses de thé à la menthe, et je regagne le domicile dû à leur libéralité, sans avoir obtenu de lettres pour les qiàd sur les territoires desquels nous devons passer.

Se conformant aux traditions familiales, ils m'ont envoyé une abondante mouna et je me suis amusé à composer avec tous les éléments reçus, un menu digne de Gargantua, dont Amehd et Mouha ont monté la gamme avec délices. Par curiosité, le voici :

Cheurba (potage)
Tam bel Orour (couscouss aux épices)
Kefta (croquettes de hachis)
Tadjim bel batata (ragoût de mouton et de poulet aux pommes de terre)
Tadjim bed beidh (ragoût aux bœufs)
Tadjim bel Guernia (ragoût aux artichauts)
Tadjim bel bergoug (ragoût aux pruneaux)
Méchoui (rôti)
Haouar messouer (chamelon de lait)
Aroui messouer (mouflon à manchettes)
Ghezat messouer (gazelle de plaine)
Allouch messouer (agneau de pré-salé)
Lesfour (couscouss entremets)
Haloulat mokhtalifa (pâtisseries variées)
Temer mokhtalifa (dattes variées)
Halib el maza (lait de chèvre)
Halib el naadj (lait de brebis)
Halib en riag (lait de chamelle)

XII

En Route

En gagnant l'oued Sebou, la plaine s'élargit. La vue devient très étendue : à droite la ligne du Zehroun ; à gauche le Djebel. Nous passons le fleuve, au gué de Sbeyit où sa profondeur ne dépasse pas un mètre. Sur les rives les douars sont nombreux et les bois d'oliviers se multiplient.

Quel est donc ce sentiment de grandissement subit ? Il me semble que, brusquement, tout est surexhaussé : la nature, les êtres, les hommes, les événements.

Au loin, des montagnes sombres et splendides, des crêtes de rochers nus, superbes et désolés ; sous nos pieds, des ravins qui ont tous leur histoire, tandis qu'aigles et vautours planent au-dessus de nos têtes... Par dessus tout, ce sentiment que dans ces douars, un nombre incalculable d'êtres sont cachés. On distingue à peine de pauvres villages ; mais on sait qu'au moindre signal des milliers de têtes pourraient apparaître menaçantes... Tout cela est véritablement grand — et beau, d'une beauté souveraine.

Et cependant qu'est-ce que ces montagnes auprès de celles de l'Europe ? Qu'est-ce que la chaîne de l'Atlas à côté de la chaîne des Alpes ?

Il est des pays comme la Suisse où l'on trouve une impression inférieure à la réalité. Vis-à-vis d'horizons gigantesques, on est tout surpris de se voir moins ému que l'on ne s'y attendait. C'est que, dans ce pays, la nature seule est grande ; les hommes, les animaux, les demeures les souvenirs, tout est prosaïque, tout est bourgeois, tout est petit.

La Jung-Frau a beau dresser sa superbe tête au-dessus des sapins qui l'encadrent, le torrent du Giesbach a beau promener ses merveilleuses cascades dans les airs...quand sur le flanc de la montagne on voit ces châlets si propres et si luisants, accrochés comme de vrais joujoux ; quand le long du torrent on voit descendre ces honnêtes montagnards, correctement vêtus, qui, d'un pas lourd et les bras ballants s'en vont conduisant leurs paisibles troupeaux pendant que des cicerones, dressés au métier, sont apostés au coin de la route pour sonner le ranz des vaches, et allumer des feux de bengale, toute poésie s'évanouit.

Peu importe que le guide vous affirme que la montagne qui est là est une des plus hautes de l'Europe, qu'elle a parfaitement 4.600 mètres au-dessus du niveau de la mer... Ce n'est qu'une hauteur géométrique qui n'élève pas notre esprit.

On n'éprouve aucune de ces impressions puissantes que donnent, par exemple, la campagne romaine, les marais de Poestum, les rochers d'Amalfi. Ce qui explique comment, malgré d'incontestables beautés, l'Helvétie, la trop honnête Helvétie, est bien plus faite pour réjouir le bourgeois que le véritable artiste.

Dans ces contreforts de l'Atlas, on n'a pas de telles déceptions à craindre. Ici, tout est en harmonie, tout est grand, tout est vrai. Pas de poteaux indicateurs pour annoncer les merveilles, pas de cornets à bouquin pour faire résonner les échos, pas de grottes factices précédant les profondes cavernes. Les seuls bruits que l'on puisse entendre ce sont les cris des bêtes ; les seules lueurs que l'on puisse distinguer, ce sont les incendies des villages ; au lieu de l'éternelle pomme de Guillaume et de l'éternelle prison de Bonnivard, on a les récits mystérieux et sanglants de ces races de l'Orient se refoulant et se combattant les unes les autres.

Si Tanger a été surfait, on n'a pas assez vanté les campagnes et les villes de l'intérieur. D'Ouezzan à Fez, c'est à la fois le voyage le plus court — cent kilomètres — et le plus complet qui se puisse imaginer. On est là au milieu des caravanes de mulets et de chameaux qui vont et viennent du désert au rivage et du rivage au désert. Partout des oliviers, des figuiers, des grenadiers, des couroubiers, coupés çà et là de haies de cactus gigantesques armés en guerre, sur lesquels courent, sans souci, des fleurs d'une délicatesse et d'une beauté merveilleuses ; au-dessus de nos têtes, des prairies suspendues aux flancs du rocher, prairies couvertes d'arbustes d'un jaune ardent, qui, agités par la brise, donnent à ces pentes sauvages l'aspect de montagnes d'or mobile, tandis qu'au fond du tableau, des pics blancs se montrent, se cachent et disparaissent.

On est saisi par la grandeur du spectacle, on est ébloui par cet éclat de végétation. A ce moment de l'année, c'est comme une orgie de fleurs, un débordement de sève. Jusqu'aux chardons, qui sont gigantesques et splendides !.., Parfois même, il me semble que la nature n'a pas de mesure, qu'elle n'est pas réglée ; devant cette exubérance on serait presque tenté de s'écrier : « Eh bien ! c'est trop, non vraiment c'est trop ! ce n'est pas raisonnable ! ».

Allah a compris, aujourd'hui, mon étonnement. . Bientôt l'horizon s'assombrit, le ciel se couvre de nuages bas et lourds ; une brume épaisse cache les montagnes. Alors règne un silence complet : pas une rumeur, pas un mouvement ; les insectes se taisent et les bois d'oliviers s'endorment ; la rivière, obscurcie par des ombres soudaines, est muette comme la tombe : notre cœur semble battre avec trop de violence ; nos plus intimes pensées semblent bruire dans le cerveau. Et la pluie vient, qui précède les ténèbres, et ne nous permet pas d'installer notre campement avant minuit.

XIII

En vue de Fez

Derrière les ondulations bleues qui festonnent le rideau du couchant, le ciel flamboie empourprant du reflet de ses fournaises les crêtes neigeuses des Béni-Ouaraïn.

Nous sommes encore enveloppés de lumière et déjà la plaine se voile de brume. Les crevasses coupant à pic les monticules, les fluctuations d'une nature mouvementée, des parterres de fleurs accrochés comme par miracle au flanc des roches, le ruban poussiéreux de la sente déroulant ses zig-zags jusqu'aux portes de Fez, tout s'efface dans la nuit uniforme et profonde.

Fez-el-Djedid ! Des pentes élevées de la dernière colline, Mohammed el Djelloud, qui est venu me rejoindre, me montre une longue muraille barrant la vallée derrière laquelle des minarets se dressent, flèches d'albâtre dans les vagues bleues de l'horizon. Longtemps je regarde les mâts blancs étinceler aux feux du couchant... Mais, peu à peu, ils s'effacent, tandis que, revenant en arrière, nous descendons la montagne, vers nos tentes.

Des formes indécises traversent la piste et des chauves-souris tournoient autour de nos têtes. Suivis du guide et du muletier, nous allons Mohammed et moi, dans cette solitude, dans ce silence. Fatigué par quatorze heures de route, j'écoute machinalement le pas de nos bêtes, frappant le sol d'un pas lourd et, par intervalles réguliers, la note agaçante jetée par les crapauds au fond de la vallée, quand mon compagnon de route, pour rompre la monotonie, me dit avec tristesse :

— Quoique appartenant à des races différentes, nous sommes des amis. J'ai été ton hôte à Paris et tu vas être le mien à Fez, où je te protégerai si c'est nécessaire... mais qui sait si d'ici peu de temps nous n'aurons pas à combattre l'un contre l'autre ?... Un jour viendra où vous voudrez vous emparer par la force de l'empire chérifien et les cavaliers du Maghzen devront boucler leurs selles pour vous livrer bataille... En regardant de tes yeux curieux d'étranger notre armée qui n'en n'est pas une, tu t'imagines, sans doute, que la conquête du Maroc ne sera qu'une opération de haute police et que, très vite, vous pourrez déchirer le drapeau de l'Islam... Détrompe-toi. Tout le Maghreb prendra les armes contre les Nazaréens pour défendre le sol des ancêtres.

En vrai musulman, ancien élève de Kairouiyin, Mohammed enveloppe les chrétiens d'un religieux mépris, non de ce fait qu'ils sont infidèles, mais parce qu'il prétend notre religion puérile. Et,s'il daigne m'offrir l'hospitalité, c'est que je lui ai affirmé — Dieu me pardonne ce mensonge nécessaire — qu'étant fataliste, je préfère le Koran à l'Evangile, à cause des joies promises dans l'au delà.

— Oui, me dit ce serviteur d'Allah, il y aura des filles toujours vierges, des sources toujours pures, des ombrages toujours frais pour ceux qui seront bons et justes... En voulant s'emparer d'un pays qui ne leur appartient pas, les Roumis commettront une faute grave... A ceux qui feront le bien, le bien les récompensera. La honte ne ternira jamais l'éclat de leurs visages. A ceux qui feront le mal la rétribution sera pareille au mal, l'ignominie les couvrira et leur visage sera comme un lambeau de la nuit qui nous couvre... Chez vous, le vulgaire qui n'approfondit pas les choses dit « Regarde ces hommes : ils font le mal pour le mal, leur cœur est fermé comme leur main, la misère d'autrui est pour eux bénéfice et cependant ils ont de beaux vêtements, de vastes demeures, des femmes oppulentes ; ils sont heureux... Patience ! Le vulgaire verra poindre le châtiment vengeur. Le malheur qui guette vos têtes orgueilleuses de conquérants les courbera comme celle des coupables qui implorent. Et ce sera peut-être l'Europe coalisée qui vengera le Maghzen de vos rapines. Le Destin, maître de l'heure, n'attend pas pour punir que la chair tombe en pourriture, mais terrasse les méchants en pleine joie...

Ces paroles ne sont pas tombées dans l'oreille d'un sourd et, suivant en cela l'habitude ancienne des chercheurs d'aventures, sous la tente, cette nuit, je les recueille sur mon carnet de route...

Singulièrement prophétique m'apparaît l'opinion de mon clairvoyant et noble ami, Mohammed el Djelloud. L'autre soir, à Tanger, un ancien ministre de la guerre, Si el Mehdi el Menehbi, qui sera certainement rappelé dans les conseils du Maghzen, ne me disait-il pas :

— Vous n'avez plus une faute à commettre... Plus que jamais vous avez besoin de sang-froid et de prudence... Si des intrigues nouvelles vous obligent à vous enfoncer dans ce guêpier qu'est pour vous le Maghreb, vous y perdrez un nombre d'hommes qui dépassera vos prévisions les plus pessimistes, vous dépenserez des sommes fantastiques et, loin d'y trouver aucune gloire, vous diminuerez dans cette aventure le prestige du nom français... Par contre si, respectant la foi des traités et vous plaçant résolument sur le terrain économique, vous cherchez par une lente et sage évolution, par une continuelle propagande, à ouvrir notre pays au commerce européen en tâchant de vous conserver une prépondérance à laquelle vous avez droit par votre voisinage, vous aurez tout lieu de vous féliciter des résultats acquis... Croyez-moi : une guerre contre nous serait la pire des folies. Et tandis que vous lutteriez pour établir votre autorité de Tanger à l'Atlas, qui vous dit qu'en Europe des voisins peu scrupuleux ne vous chercheraient pas querelle et ne vous poignarderaient point dans le dos ? Ce serait là notre revanche à nous, Marocains !

En écrivant, tandis que la lune se débarrasse d'un rideau nuageux, telle une femme apparaissant dépouillée de ses derniers voiles, éblouissante de jeunesse et de beauté — je songe à la nuit très noire où, sur la terrasse de sa maison, Si el Menehbi prononçait de sages paroles, répétées sous une autre forme, par le Maure avisé dont je serai l'hôte demain...

XIV

Fez el bali

Des pentes du Tghat nous dominons la ville où nous allons entrer par la porte de Bab es Segma. Elle est entourée d'une enceinte de hautes murailles crénelées. Bâtie sur les deux versants d'une vallée au fond de laquelle coule l'oued Fez, elle se divise en deux cités distinctes : Fez-Bali, le vieux Fez, et Fez-Djedid, le nouveau Fez.

La Mecque de l'occident africain se découpe admirablement entre les montagnes qui l'enserrent. On aperçoit une grande ligne grise de remparts brisés de tours carrées, d'où pointent, du milieu d'innombrables terrasses, des mosquées, des minarets et la masse sombre que forme, à Fez-Djedid, le palais du Sultan.

C'est entre deux haies de tentes jaunes, grises, souillées, en lambeaux, que nous passons pour arriver à l'ogive décrépite qui sert d'entrée... Puis, tout de suite, ce sont dans des rues sales et encombrées, des baraques où l'on vend toutes sortes de comestibles et des cuisines en plein vent où mangent des chameliers. Des négresses accroupies offrent des galettes et des marchands d'eau font sonner leurs gobelets, tandis que, sous des claies soutenues par des piquets, des barbiers rasent leurs clients. Dans les carrefours et sur les places, partout des groupes de chameaux, de mulets, d'ânes et de chevaux autour desquels flanent des askars, des femmes voilées et des enfants...

Nous suivons des voies étroites; puis d'autres assez larges, bordées de murailles sombres ou de boutiques et nous arrivons au bout d'une demi-heure, à Ras el Djenan, devant l'habitation de mon ami le caïd Mohammed el Djelloud.

Maison triste et noire d'aspect, située dans

un quartier excentrique. Nous sommes à mille lieues de penser qu'une surprise nous est réservée. Une première pièce basse où l'on reçoit les étrangers est meublée de trois petits matelas étendus à terre et forment trois côtés d'un rectangle. Des tapis ordinaires sont appliqués sur ces matelas et, au centre du rectangle, dans l'espace vide, un grand plateau d'étain s'arrondit chargé d'une coupe ciselée.

Il n'y a qu'une très petite fenêtre ouverte dans le mur d'une chambre voisine. Le peu de jour qui l'éclaire lui vient de la porte. La chambre, comme l'autre pièce, est d'une propreté exquise, soigneusement blanchie au lait de chaux et carrelée de mosaïques. A l'une de ses extrémités, un rideau de mousseline blanche laisse apercevoir un divan qui fait face à un coffre de cuir garni de clous d'or. Le reste de l'ameublement pend un peu au hasard le long des murs... Mais, attendez, voici la surprise... Nous sommes, tout à coup, au milieu d'un délicieux jardin, sans allées, tapissé d'une herbe rousse, ou poussent au hasard des lauriers roses et au fond duquel se dressent trois pavillons, trois énormes cubes de plâtre, sans aspect extérieur, mais infiniment pratiques à habiter.

Je m'installe, en effet, dans une chambre meublée à l'européenne, d'une table, d'un lit et — luxe inouï sous ces latitudes ! — d'un fauteuil Voltaire. A côté, deux autres pièces sont accaparées par Amehd, Mouha et les bagages. Une vaste terrasse d'où l'on domine Fez, sert de toiture au pavillon près duquel un bassin, rempli d'une eau limpide, déverse son trop-plein parmi les fleurs et les plantes du jardin.

Mohammed el Djelloud, ravi de l'effet produit par sa surprise, se retire discrètement pour me laisser à mes ablutions, quand j'appelle le seigneur Amehd, mon interprète-valet de chambre que je viens d'entendre dans la pièce à côté... Pas de réponse... Ma voix se fait rude. Je crie :

— Es-tu sourd ?

Pas de réponse encore... Je pénètre dans sa

chambre et j'aperçois mon serviteur accroupi sur une natte.

— Tu n'as pas entendu ?

— Si.

— Eh bien ?

— Je ne suis plus à ton service — Mouha, non plus.

— Pourquoi ?

— Parce que je veux quatre douros par jour pour moi, et deux pour Mouha.

— Mais, sacré filou, c'est le double du prix convenu...

— Je le sais.

— Pourquoi ne l'as-tu pas dit à Tanger ?

Inutile d'insister... Amehd est devenu subitement aussi muet qu'impassible et je suis obligé de céder.

C'est bien le plus étrange serviteur que j'aie rencontré dans mes voyages ! Il a six pieds de haut, trente ans au plus et son visage semble modelé sur le type grec le plus pur, on dirait un Apollon de bronze. Quand il marche, son front se relève instinctivement vers le ciel, et son burnous pend tout droit sur ses jarrets déliés. Assis, il se tient renversé en arrière et pose ses deux mains sur ses genoux, dans l'attitude des Bouddhas qu'on voit au fond des pagodes chinoises. Il parle purement le français avec une voix grave et ne sourit que du coin des lèvres. Pendant notre voyage de 1902, il faisait strictement son devoir et ne s'enivrait pas. C'est lui qui m'empêcha d'être tué dans les montagnes des Beni-Smir avec mes amis Gratien et de Cressin, capitaines au 1er étranger. J'avais acheté dans le Sud-Oranais un étalon sauvage et sa grande préoccupation était de l'empêcher de se jeter sur le mien pour le mordre. Tout en causant avec moi, botte à botte, il manœuvrait des genoux sa monture avec une extrême dextérité et roulait des cigarettes qu'il m'offrait gracieusement. Nous avions passé ensemble plusieurs mois au désert... Aussi ai-je songé tout de suite à lui pour ce nouveau voyage. Mais, hélas ! l'Amehd d'aujourd'hui n'est plus celui de 1902 ! Un séjour prolongé à Oran l'a tranformé à son désavantage. Il est devenu le drôle le plus impertinent qu'on puisse imaginer et c'est avec plaisir qu'au retour à la côte je le licencierai.

Cet incident réglé, je saisis le prétexte d'un achat au bazar pour partir à cheval à travers Fez-Bali. Nous allons en file indienne : Mohammed, son hôte le Roumi, Amehd et Mouha. Au cœur de l'ancienne cité, il y a des passages si étroits que les bouts de nos pieds frôlent les murs. Partout une impression subsiste : c'est vieux, c'est triste, c'est ruiné. Les constructions se mêlent et se pénètrent. Des séries d'arches superposées s'élancent au-dessus des rues ; des corps de bâtiment sont jetés d'une maison à l'autre. Sur leurs façades sont greffées des baies à coupoles et à pans coupés, supportées par des encorbellements de bois de cèdre sculptés ; des étages se projettent soutenus par des poutres en retrait artistement fouillées, et entre les faîtes des maisons qui ont l'air de vouloir s'embrasser, on aperçoit à peine un filet de ciel.

Après les longs tunnels qui suintent d'humidité, on heurte parfois une fontaine qui déploie au coin d'un carrefour, le manteau de ses mosaïques et les enlacements de ses arabesques.

Sur les voies principales c'est un perpétuel va-et-vient. Tantôt l'on croise un cavalier nègre, un bokhari du Sultan en sulham blanc, drapé dans les plis de son haïk; tantôt un vizir, un amin, un caïd et — le plus souvent — la canaille aux yeux hostiles.

Sauf le comte de Tattenbach qui passe, raide et hautain, suivi du drogman de l'ambassade et d'un serviteur indigène, avec un numéro de l'*Aurore* dans la poche de son paletot, aucun Européen ne se croit ici en pays conquis.

Ce numéro de l'*Aurore* nous l'avons tous reçu et nous apprécions sur place l'amère vérité du premier-Paris de M. Clémenceau... Sans doute « *Pour une cavalcade marocaine* » nous avons cédé sans compensations similaires, beaucoup de droits acquis, et MM. Saint-René Taillandier et de Saint-Aulaire ont beau défendre âprement nos intérêts, ils perdent tous les jours du terrain, au Dar-el-Maghzen... En attendant, les Fasis commencent à s'inquiéter de voir se prolonger, dans leur capitale, le séjour de tant de Roumis et, le baghchiche donné, il n'est pas jusqu'aux mendiants efflanqués et aux vieilles femmes édentées, qui ne nous lancent des regards chargés de haine.

D'une rue assez large, nous descendons en pente rude au quartier des marchands. Nous passons sans nous arrêter devant un fondak et nous voici au bazar.

Ici l'on vend des soies, des cuirs et des tapis ; là, du café, des épices et du thé ; à deux pas des tables basses et des étagères de cèdre ; plus loin, des cotonnades, des samovars, des plumes d'autruche... et des amulettes !

Ah ! ces amulettes, quelles jolies histoires d'amour ne provoquent-elles pas ? — Quand un jeune homme commence à sentir son cœur battre, il en achète une que le marabout plie dans un verset du Coran. Puis, il va la suspendre à un arbre isolé, face à la demeure de sa belle. Il se cache et passe toute la nuit en observation. Si, dès l'aube, le zéphir agite l'amulette, aussitôt le cœur de la jeune fille se met à battre doucement, mais, s'il n'y a pas de brise, le cœur de la belle reste insensible — et notre amoureux doit tenter d'autres aventures...

Les bazars les plus intéressants sont ceux des potiers et des armuriers. On trouve à Fez des poteries gracieuses de forme, de dessin et de couleur. Des vases pareils aux canopes de Memphis voisinent avec des urnes d'une sobre élégance, des coupes largement évasées avec des plats semés de rosaces, d'étoiles et d'ogives.

La plupart des armuriers sont des Berbères, ignorants, à l'encontre des Maures, des grandes manières et du beau langage. Leurs boutiques offrent un grand intérêt. Elles regorgent de *khangiars* à fourreau de cuir ; de *flissas* à lame courte et à manche de cuivre guilloché ; de pistolets à canons damassés, ornés de pierreries ; de tromblons et de adargues, boucliers à lance datant du XVe siècle ; de haches damasquinées et de fusils du Sous à minces crosses d'ivoire incrustées d'argent. Elles recèlent aussi des instruments de torture : chaînes pesantes ; anneaux que l'on visse aux chevilles ; boules de fer hérissées de pointes aiguës munies d'une tige aiguisée dont les fanatiques se transpercent aux jours de fêtes religieuses.

Une multitude d'autres bazars suivent, qui abritent des millions de babouches, de cafetans et de haïks de soie... mais nous ne faisons que passer : l'heure tardive nous oblige à regagner Ras el Djenan...

Ce soir, après une diffa donnée en mon honneur dans le jardin illuminé, Mohammed et ses amis se sont retirés. Je ne vous ferai pas la description de ce festin qui fut copieux et m'a donné des pesanteurs d'estomac. Resté seul, j'ai gagné la terrasse d'où j'observe les maisons voisines.

Que se passe-t-il dans ces demeures qui se dressent pour moi comme autant de blanches énigmes ? Que signifient ces chants si doux qui montent dans la nuit ?

On se promène beaucoup dans le quartier que j'habite et je surprends des bribes de conversations intéressantes. Ici c'est un serviteur arabe de ma connaissance (ah ! comme je comprends maintenant la nécessité des quatre douros quotidiens !) qui, muni d'un pain de sucre, demande l'hospitalité à travers la porte massive d'une maison d'apparence discrète; là, un jeune diplomate qui, accompagné de son interprète, cherche à être reçu par ma voisine, ou s'amuse tout simplement à lui débiter des madrigaux.

Encore une désenchantée !... A peine le diplomate a-t-il quitté la rue qu'une ombre blanche se glisse le long du mur... une ombre blanche qui, tout à coup, se met à chanter pour toucher le cœur de la belle. Et la belle répond sans se montrer. L'effet de ces chansons aux couplets alternés, n'est pas sans grâce.

« J'erre de douar en douar — dit l'Arabe — l'amour m'a rendu fou. »

« Je suis désespérée — répond la Mauresque — Pourquoi n'ai-je pas deux cœurs ? L'un serait fidèle à mon maître — l'autre ferait l'aumône aux passants. »

L'Arabe continue aussitôt :

« Hélas ! je n'ai qu'un cœur — je voudrais le broyer — Qu'Allah ! m'entende. »

« Je ressemble au vautour — répond ma voisine — je tiens dans mes serres un oiseau — et je lui fais connaître les affres de la mort ! »

C'est fini. L'amoureux ayant reçu son congé, s'éloigne, le désespoir au cœur, et la Mauresque, après avoir allumé une cigarette, abandonne la terrasse.

Une esclave noire apporte les flambeaux dans l'appartement où je la vois évoluer encore un moment. Puis elle s'asseoit sur un divan, jambes croisées, comme un fakir, le pied nu relevé sur le genou, tenant le ventre de sa guitare serré sous un bras. L'autre bras allongé au haut du manche, elle agace les cordes de l'instrument avec un brin de jonc. Inutile de dire que ses bras sont de la couleur des oranges, que les ongles de ses pieds sont noircis par des touches de henné, que des pantalons bouffants en satin blanc, à fleurs d'or, s'évasent sur le divan autour d'elle, et, serrés aux jarrets, retombent jusqu'au milieu de ses jambes nues. Sa chemisette à fleurs, transparente comme une buée, couvre son buste sans le cacher et descend au-dessous des hanches avec deux longues bandes de soie cramoisie. Un ruban mauve est noué autour de son cou, avec un collier de six rangs de perles ; un foulard blanc à bandes d'or coupe son front de biais, et disperse ses longues franges jusqu'au milieu de son dos ; la peau fine de son visage — cette peau que le soleil n'a jamais mordue de ses rayons — se rose aux pommettes de ses joues et tire un éclat merveilleux d'une mouche posée au menton. Enfin, elle a les lèvres rouges, les dents très blanches, les yeux noirs ombragés de lourdes paupières, les sourcils peints; quelque chose de craintif et de résigné dans toute la physionomie qui ressemble à l'expression d'une bête fauve prise au piège. Mais cette expression s'atténue quand elle marche. Alors elle affecte de se cambrer élégamment comme un cheval ensellé qui fait le beau devant son maître.

Elle rappelle aussi le serin pimpant et coquet, qui trottine sur les barreaux polis, dans la cage dorée, près d'une mangeoire bien pleine. Son plumage est lissé, ses mignonnes petites pattes dansent tout le jour et sans fatigue, son bec attrape d'un air mutin les grains de mil choisi qu'on lui prodigue, son gosier a un répertoire de petits cris gentils et aigus, et je l'achèterais bien vingt-cinq louis, avec la cage; mais je l'aimerais mieux empaillé que vivant, ce petit serin-là !...

Peu à peu, les terrasses se sont dégarnies et es fenêtres refermées. On éteint chez ma voisine et rares sont encore les chambres qui envoient des reflets jaunes sur la rue si vivante tout à l'heure. Les voix, les soupirs dans la nuit bleue et chaude font penser aux cités mortes où nous nous sommes promenés à travers des ruines, que nous peuplons ainsi d'une rumeur presque animale, et où nous nous plaisons à imaginer cette soudaine animation qui emplit les villes lorsque les ténèbres les enveloppent de leur mystère complaisant et aphrodisiaque.

XV

La Mosquée de Karaouiyin

Souvent, tandis que les muezzins appellent les croyants à la prière : « Allah ! Akbar ! — Allah ! Akbar !.... Dieu est le plus grand ! Il n'y a de Dieu que Dieu et Mohammed est son prophète... Venez à la prière. Allah ! Akbar ! » — souvent, les minarets, lourds et disgracieux des seize mosquées de Fez, m'apparaissent solitaires et noyés dans les brumes de la mélancolie. Car, malgré toute la gloire et la foi qu'ils évoquent, les siècles de fer et d'amour, ne sont-ils pas les témoins d'entreprises avortées, de croyances déchues ? Ne sont-ils pas la pensée caduque, égarée en nos temps, d'âges morts ; le mémorial qu'en ont dressé des générations antérieures, la croyant impérissable ?

Souvent aussi en passant à cheval devant Karaouiyin, en regardant de la rue entre les battants massifs ouverts, les deux magnifiques fontaines, les interminables rangées de colonnes, les successions infinies d'arcades qui vont se perdre dans une mystérieuse pénombre, les milliers de lanternes suspendues aux voiles du sanctuaire et, par terre, la foule prosternée sur les dalles de marbre, l'idée m'est venue de mêler un jour ma voix à l'immense murmure de ces milliers de voix, unies dans une solennelle prière.

Mais jamais un Roumi n'a foulé de ses fines bottes le pavé de Karaouiyin... S'il était découvert, il serait lynché, soumis aux pires tortures... Et s'il n'y a eu qu'un globe-trotter assez curieux pour aller visiter Raisouli dans son camp de Zinat, il n'y a encore, à ma connaissance, aucun Nazaréen qui se soit promené entre les colonnes de marbre et de porphyre de la sainte Mosquée.

Deux fois déjà, depuis mon arrivée à Fez,

j'avais tenté de semer en route Mohammed et mes serviteurs, deux fois je m'étais déguisé en pauvre diable de Beraber pour pouvoir pénétrer à Karaouiyin — et ce n'est qu'aujourd'hui — Mohammed marchandant des étoffes au bazar, — que j'ai pu commettre ce sacrilège.

C'est entre *sobh*, la prière du matin et *maghreb*, celle du coucher du soleil, que j'ai visité le merveilleux édifice. Au seuil du parvis, j'ai mis mes babouches dans mes poches, je me suis débarrassé de mon haïk et j'ai suivi un chamelier jusqu'aux deux fontaines où les fidèles vont faire leurs ablutions. Elles sont rattachées aux nefs latérales par des pavillons de tous points semblables à celui de la cour des Lions dans l'Alhambra de Grenade. Là, je me suis lavé les jambes, les pieds, les bras, la face et le cou. Les ablutions terminées, j'ai été m'accroupir dans un groupe où deux hazzaba lisaient le Coran... J'ai écouté avec attention — puis, je me suis promené, bien plus impressionné par la grandeur du spectacle des voûtes qui supportent près de trois cents colonnes, que par le danger réel que je courais.

On a comparé Karaouiyin à la mosquée de Cordoue. Certes, il y a des points de rapport, mais, à coup sûr Karaouiyin dépasse en beauté tout ce que les imaginations les plus fantaisistes peuvent rêver. Après Angkor-Wat, je ne connais pas de temple plus merveilleux.

Le regard troublé s'égare dans la pénombre d'une forêt de porphyre, de granit et de marbre ; il flotte parmi des centaines de colonnes qu'illuminent çà et là un rayon de soleil ; il erre confondu à travers tous ces arceaux bicolores ; il se perd dans l'obscurité des recoins où l'on croit voir passer les spectres des muftis. Et sous le plafond de la vaste enceinte, la voix sourde des croyants roule et se prolonge comme un cri d'agonie.

Prises un peu partout, les colonnes appartiennent à des ordres divers. Tantôt droites, tantôt cannelées, tantôt contournées en spirales, elles diffèrent de hauteur et, pour les mettre au même niveau, on a dû les enfoncer plus ou moins dans le sol. Les arcades elles-mêmes sont très variées dans leur forme. En plein cintre, en trèfle ou en fer à cheval, elles sont parfois dentelées, parfois découpées en six lobes ; il en est qui s'entrecroisent et il en est, parmi les plus hautes, qui reposent, non sur leurs piliers, mais sur la clef de voûte des arcs inférieurs.

Ces colonnades forment plus de trente galeries où vingt-cinq mille personnes peuvent s'agenouiller.

Dallée de marbre, éclairée par des dômes aux riches ornements ; flanquée de piliers ; décorée de colonnes en mosaïque ; traversée par des arcades qui, de formes différentes entrecroisent leurs lobes en gracieux festons, la galerie centrale conduit au mihrab. Surmonté d'une coupole d'or massif entre des colonnes géminées, des arabesques en mosaïque d'azur, des maximes sur des fonds rouges, des bandes de fleurs étincelantes, le Saint des saints s'enfonce dans une alcôve très réduite. D'autres mosaïques d'un prix inestimable révèlent cette niche dont la voûte est taillée dans un bloc de marbre rose incrusté d'or, d'ébène et d'ivoire et qui cache à tous les yeux un os du Prophète.

En face du mihrab, au milieu des colonnes se trouve une chaire où les imans disent les prières et au bas de laquelle des feqihs donnent des leçons aux tolba. Karaouiyin est le seul foyer intellectuel de l'empire. Le matin on y suit des cours de droit et l'après-midi, on y professe la grammaire, l'éloquence et la rhétorique, quelquefois l'astronomie et les mathématiques. Quant à l'histoire, les tolba peuvent l'apprendre dans les livres...

Vers une heure et demie — *dohr* — des Fasis sont entrés par petits groupes dans la mosquée.., Ils étaient cinquante tout à l'heure, ils sont dix mille maintenant, agenouillés comme moi, et mêlant leur voix à celle de l'amin... Il n'a rien de majestueux, ce jeune prêtre. Il est même ridicule avec son nez en trompette et ses bajoues de porc-épic... Mais ceux qui ne sont pas trop volontairement myopes, sont frappés par autre chose que la réalité du tableau... oui, il y a quelque chose enfoui au tréfond de l'âme, comme les germes de la vie invisible dans un champ où la charrue n'est pas encore passée. Il y a, avec la beauté du décor, la grandeur de cette humble scène, qui excuse et domine la pauvreté du détail : au milieu de cette vaste mosquée, ces créatures assemblées, implorent Allah, afin que l'Islam soit sauvegardé et ces paroles que l'amin chevrotte d'une voix éraillée sont pleines de symbolismes, de touchants appels pour le salut de la Patrie.

Le tableau m'apparaît saisissant et magnifique, malgré la sensation mesquine de la première minute. Voilà ce que les réalistes ne veulent pas faire sortir des choses quand ils les considèrent de près, voilà pourtant ce qu'elles contiennent, ce qu'il faut voir, parce que cela aussi est une part de la vérité. On n'est vrai, on n'est humain, qu'à la condition de marcher entre ciel et terre, touchant l'une et regardant l'autre, faisant la part des faits extérieurs comme celle de la noblesse des sentiments.

Je viens de passer une de ces journées singulières qui marquera dans mes souvenirs et j'ai le bonheur de jouir, en quittant Karaouiyin, d'un admirable coucher de soleil. Tout est bleu: on se croirait en pleine mer. Un instant après, la terre et le ciel sont du même rose ; on distingue à peine le point de contact, derrière le voile qui s'étend sur l'espace. Par une bizarre coïncidence les rayons de l'astre tombent face à moi. Ce chemin de lumière est tentant. Ne va-t-il pas se perdre au cœur du soleil ? Il n'y aurait qu'à le suivre, semble-t-il, pour rejoindre l'éternel voyageur... Le temps de désirer et voilà le chemin rompu... Avant de nous revenir, le vieux magicien, porteur d'aurores, aura sur un autre continent, séché les pleurs des houris et bu la rosée de la jungle.

XVI

Fez-el-Djedid

Quand le sultan réside dans sa capitale du nord, il réside à Fez-el-Djedid, l'immense forteresse qui commande le pays. L'enceinte du Dar-el-Maghzen avec ses hautes murailles crénelées et ses tours massives, forme un bloc sévère. Les remparts, dominés seulement par les toitures des pavillons impériaux et les minarets des mosquées, cachent les communs et les maisons basses du palais.

Dans une seule rue, de Bab-es-Semmarin à Bab-es-Segma, se concentre toute la vie extérieure de la capitale maghzen dont, soldats et serviteurs, lointaines tribus soumises et proches Chéraga, forment la population flottante.

Un pacha administre la cité nouvelle. Il est

secondé par le caïd des Chéraga dont la juridiction s'étend jusqu'aux habitations chérifiennes. C'est pour ce motif qu'on peut les voir, l'après-midi, rendant la justice sous les portes du vieux méchouar. Ce sont de braves gens à l'air placide, qui s'occupent avant tout d'apaiser des haines et de renvoyer, dos à dos, comme de vrais amis, ceux qui viennent les trouver pour régler leurs différends. Ils sont assistés par des adouls, scribes assesseurs, et les divans où ils se tiennent sont appuyés aux murs, sur des piles de coussins.

Rien n'est moins imposant que ces tribunaux. Les plaideurs rentrent, s'accroupissent sur la natte et donnent leurs explications aux adouls qui les transmettent aux gouverneurs en les abrégeant. Les qiâd rêvent, écoutent et prononcent. Quand un étranger vient les voir, ils se lèvent, le font asseoir et lui offrent une tasse de thé. On fume, on cause et le chaouch vous met au courant du procès qui se juge, si l'on semble y prendre intérêt. Cependant les adouls dressent le procès-verbal. Ils ont l'air grave et digne. On les a en grande considération. Quand l'audience est levée, ils regagnent Fez el Bali par le quartier de Bou Jeloud, où l'on trouve à côté des jardins impériaux, une mosquée. Les communications entre les deux villes se font par une succession d'esplanades, et de passages fortifiés.

Depuis plusieurs jours que je suis l'hôte de Mohammed el Djelloud, je suis venu souvent au Dar-el-Maghzen. J'ai assisté à la réception par le Sultan, de l'ambassade anglaise présentée par M. Lowters ; j'ai également rencontré Moulay Abd-el-Aziz, en moindre équipage... Hier, par exemple, la bicyclette remplaçait le cheval d'apparat et quatre favorites, les gens du guich... Mais je m'abstiendrai de décrire, après Pierre Loti et tant d'autres, les réceptions diplomatiques réglées par le protocole...

Ce qui me paraît beaucoup plus intéressant à signaler, ce sont les fêtes religieuses (l'aïd es seghir, l'aïd el kebir et le mouloud) que le Sultan préside en personne. Pour ces trois grandes manifestations nationales, le Sultan se rend à la msalla. Il y célèbre le service traditionnel et reçoit les délégations des tribus.

Dès le matin, l'infanterie, vêtue de rouge, forme un carré au milieu duquel prend place la fanfare chérifienne. Du palais à la msalla, les askars font la haie et face au chemin que prendra le sultan, se placent les cavaliers naïba avec leurs étendards et les cavaliers maghzen avec ceux d'Abd-el-Aziz.

Des sonneries annoncent l'arrivée du souverain qui traverse au pas de son cheval tout le méchouar et remonte la pente conduisant à la msalla. Dès qu'il met pied à terre le Khatib prononce la Khotha, puis Abd-el-Aziz procède au sacrifice d'un mouton. Le Khatib répète son geste et, aussitôt des muletiers s'approchent qui emportent au grand galop les deux innocentes victimes du sacrifice. S'ils arrivent en ville avant la mort, la légende veut que ce soit un signe de prospérité générale... Le Sultan remonte à cheval ; le canon tonne et la fanfare exécute la marche chérifienne.

La présentation des tribus a lieu ensuite. Ce sont d'abord les Fasis avec les étendards de Moulay Edriss, les tribus diverses et les cavaliers maghzen qui passent à portée du Sultan. Chaque délégation est annoncée par un maître des cérémonies, le caïd et méchouar : « Ahl Fas naâm y a Sidi ! — En vérité, mon seigneur, ce sont les Fasis ». Le Sultan s'arrête un instant, immobile et muet et les gens de Fez poussent un cri : « Allah ibarek F'mr Sidi ! — Que Dieu bénisse la vie de notre seigneur » ! auquel le caïd el méchouar interprétant l'intention du monarque répond : « Allah ! ibarek fikoum ou yaslahkoum gâlkoum Sidi. — Que Dieu vous bénisse et vous dirige dans la bonne piste, vous dit monseigneur » !

Moulay Abd-el-Aziz, qui est un gros garçon de vingt-sept ans, au teint foncé, à la barbe irrégulière, n'en imposerait guère aux foules s'il n'était monté sur un cheval blanc richement harnaché de velours vert et s'il n'était lui-même enveloppé dans un burnous de soie crème. A sa droite chevauche dans les circonstances solennelles, le moul-el-meddall, qui porte le parasol de satin rouge. A pied, devant Sa Majesté, une douzaine d'esclaves noirs agitent des chasse-mouches en mousseline ; à droite et à gauche se tiennent les mzarguiya, porteurs de lances ; en avant six chevaux sont tenus en mains par le caïd el méchouar et, en arrière, suivent tous les officiers de la couronne.

Mes lecteurs ne me pardonneraient certainement pas de quitter Fez el Djedid sans les renseigner sur le harem impérial. Mais on me croira sans peine quand je dirai qu'on ne le visite pas comme le musée de Cluny et que, pour la première fois dans ce livre, il m'est absolument impossible de noter des impressions personnelles.

Dans l'enceinte familiale dont les abords sont gardés par des eunuques importés de la Tripolitaine, le Sultan habite au premier étage une vaste pièce d'où l'on domine les jardins impériaux et la plaine du Saïs. Une salle de bains est contiguë à cette pièce qui donne sur quatre chambres destinées aux femmes légitimes. Quant aux concubines, dont le nombre s'élève à plus de sept cents, elles sont disséminées par groupes dans les dépendances du palais. Ce régiment est commandé par des arifas, négresses habiles et favorites préférées des anciens sultans.

D'ordinaire, les femmes légitimes sont des chérifas choisies dans les diverses branches de la dynastie ; les concubines, de belles filles des tribus maghzen, des négresses achetées au marché et des femmes de race, que les pourvoyeurs ordinaires des plaisirs de Sa Majesté vont acheter en Orient.

Ce sont les négresses qui sont chargées de l'entretien intérieur. Les cuisines seules sont occupées par des hommes, les moualin el couchina, qui ont aussi parmi leurs attributions celles de donner la bastonnade aux servantes récalcitrantes.

Le service personnel du Sultan est confié aux concubines. Les moualin el oudhou (femmes des ablutions), l'assistent au bain ; la moulet es-saboun, la femme du savon ; la moulet ettas, la femme de l'aiguière et la moulet ezzif, la femme de la serviette. l'aident à faire sa toilette ; les moualin el makla, les femmes des plats, le servent à table ; les moualin el berrada, les femmes de la gargoulette, lui donnent à boire et la moulet-ettaï lui sert le thé. Il déjeune à l'ouli, c'est-à-dire vers midi et ne prend le soir qu'un très léger repas. Pour la nuit, le Sultan est libre de s'adresser à l'une de ses femmes légitimes ou à l'une quelconque de ses concubines, dont un peloton nouveau lui est présenté au coucher, par la arifa compétente. Le petit contingent de ces jeunes personnes, auxquelles il est recommandé d'être toujours prêtes à satisfaire les caprices de « Mon Seigneur ! » passe la nuit dans une pièce voisine.

Abd-el-Aziz ne s'est pas encore conformé aux traditions ancestrales. Il n'est pas marié, dédaigne ses concubines et se contente de mener joyeuse vie avec quatre Circassiennes soldées par l'argent du dernier emprunt... On m'apprendrait sur l'heure qu'il va, comme le chérif d'Ouezzan, épouser une Européenne, que je n'en serais nullement étonné.

Ah ! ces pauvres Fasis !... Ils ont eu la surprise de voir arriver un billard anglais à dos de chameau, un chemin de fer Decauville, un tennis et mille autres choses extravagantes... Ils en auront bien d'autres, sans doute, et la moindre ne sera pas celle de pouvoir contempler, trônant au Dar-el-Maghzen, une sultane blanche !

XVII

Une Page d'Histoire

A travers Fez-el-Bali, dans un dédale de rues étroites, Abd-el-Krim-ben-Sliman, ministre des affaires étrangères, nous conduit dans une impasse obscure. Il ouvre une porte basse dans la haute muraille grise et, par un corridor coudé, il nous fait rentrer dans la cour rectangulaire, à ciel ouvert, d'une de ses maisons.

Des négresses apportent le samovar et nous buvons à petites gorgées des tasses de thé parfumé de menthe. Le vizir, Mohammed et moi, nous nous sommes accroupis sur des nattes à l'entrée de la cour.

Les deux esclaves qui ont servi le thé, réfugiées sur les dernières marches de l'escalier, nous examinent des pieds à la tête, et des rangées de visages mutins, à l'air éveillé aux yeux noirs, se montrent sur la terrasse voisine et disparaissent subitement dès que nous levons la tête.

— Vous désirez connaître le rôle de l'ambassade allemande ? Savoir comment le ministre de Guillaume II a provoqué la lettre de Sa Majesté chérifienne aux Puissances ? Les événements se sont précipités depuis quelques semaines, et je n'ai plus de raison pour vous cacher la vérité, me dit aimablement Abd-el-Krim-ben-Sliman.

« A peine installé à Fez, M. de Tattenbach noua des intrigues. Bien qu'il ne passe pas, à tort ou à raison, pour un de ces diplomates auxquels la patience apparaît comme une vertu, dès le début, il louvoya. Ce fut la période des visites officielles. Le Sultan reçut les insignes de l'Aigle Rouge. Si Mohammed-el-Guebas et moi, l'Ordre de la Couronne de Prusse.

» Ne se méprenant pas sur la nature de ces flatteries intéressées, Abd-el-Aziz et ses vizirs entourèrent d'égards le plénipotentiaire allemand et continuèrent, d'ailleurs sans enthousiasme, leurs négociations avec le ministre de France.

» Des jours passèrent sans incidents notables. M. de Tattenbach s'irritait de tant de politesses, accompagnées de si peu de solutions pratiques. S'apercevant qu'il jouait un jeu de dupe et que la marche des événements ne concordait pas avec les instructions reçues de Berlin, il se décida à user de procédés, discutables peut-être, efficaces en tout cas.

» En dehors des règles diplomatiques, sans demande d'audience préalable, le ministre se présentait, le 27 mai, à Fez-el-Djedid, dans la partie du Dar-el-Maghzen où Sa Majesté reçoit les vizirs, les qîad et les notables Fasis, accompagné d'un drogman et d'un seul valet indigène.

» Des serviteurs de Sa Majesté chérifienne, accroupis à l'entrée, l'informaient aussitôt qu'Abd-el-Aziz et son bouffon se trouvaient dans la salle de billard où le Sultan va souvent l'après-midi.

» Une porte massive donne accès dans une cour entourée, sur trois côtés, de constructions diverses. Au fond, cette même cour est séparée d'une autre par un mur, au milieu duquel est percée une porte qui permet à Sa Majesté de venir prendre contact de temps à autre, avec ses familiers européens.

» Dans cette salle, située au premier étage, au-dessus des ateliers, M. de Tattenbach se trouva, sans se faire annoncer, en présence d'Abd-el-Aziz.

» Outre le bouffon, trois qîad, un notable Fasi et Mohammed-el-Guebbas, causaient à ce moment précis avec le Sultan.

» Sur la demande du diplomate, les qîad, le notable et le bouffon s'éloignèrent sans toutefois quitter la salle, et quatre personnes seulement restèrent en présence : le Sultan et son vizir d'une part, le ministre et le drogman d'autre part.

» Aussitôt la conversation s'engagea. Sans être à même de pouvoir préciser ici, mot par mot, les paroles qui furent échangées, il m'est du moins facile d'en traduire le sens avec fidélité.

» M. de Tattenbach en assurant une fois de plus Abd-el-Aziz de la pureté de ses intentions, dit qu'après la visite impériale à Tanger — visite qui libérait le maghzen de la tutelle française — une sanction éclatante était nécessaire. Et, cette sanction devait se traduire, non par des paroles, mais par des actes. D'abord, la poursuite des négociations avec la France apparaissait impossible et serait jugée comme un acte inamical vis-à-vis de l'Empereur, comme un défi du maghzen à l'égard de l'Allemagne.

» Longtemps, d'une voix sèche et cassante, le diplomate parla sur ce thême et, tandis que l'interprète traduisait, le Sultan et son vizir restaient impassibles.

» Quand M. de Tattenbach eut terminé son exposé, Mohammed-el-Guebbas proposa de m'envoyer chercher et le Sultan approuva son vizir.

Près d'une heure se passa. Le bouffon était

parti, mais les trois qîad et le notable Fasi restaient toujours accroupis à l'entrée, somnolents dans leurs mousselines, lorsque je vins prendre place à côté de Sa Majesté.

» Alors, le ministre allemand précisa. En termes brefs, il formula ses désiderata. Guillaume II n'avait pas hésité à venir à Tanger et telle était sa puissance que, d'un geste, il avait libéré le Maroc des prétentions françaises. Une politique sentimentale n'étant plus possible à notre époque d'incessant struggle for life, comment le maghzen songeait-il s'acquitter envers l'Allemagne ?

» Et comme je me perdais à dessein dans un labyrinthe d'inutiles à côtés, le diplomate formula ses demandes.

» L'Allemagne obtiendrait :

1° l'autorisation de construire un port à Tanger ;

2° une voie (il ne précisa pas de quel point à quel point) ;

3° la concession à bail renouvelable de Mogador ;

4° des privilèges de moindre importance en faveur des commerçants allemands établis au Maroc.

» Sa Majesté resta, durant tout l'entretien, silencieuse et recueillie. Et ce fut moi qui répondis, en ma qualité de premier ministre, qu'une aussi grave détermination ne pouvait être prise au pied levé (les indigènes protestant depuis longtemps contre les concessions accordées aux Européens), que les vizirs seraient convoqués avec le conseil des notables et qu'on verrait...

» Réponse vague et qui n'eut pas le don de satisfaire le représentant de l'Allemagne. Au nom de l'Empereur, son auguste maître, l'impatient ministre nous donna trois jours pour lui faire parvenir une réponse décisive.

» Sur cet ultimatum, M. de Tattenbach quitta le Dar-el-Maghzen, accompagné du drogman.

» Le soir même, contrairement à l'usage établi, les vizirs et de nombreux notables étaient réunis sous ma présidence, dans la partie de l'habitation impériale, où ont lieu d'ordinaire les audiences matinales. Sa Majesté avait regagné ses appartements privés et n'assistait pas au conseil.

» Des opinions furent échangées, mais — chose curieuse à noter — aucun des vizirs (ceux que vous croyiez vos amis furent les plus acharnés et les plus hostiles à votre pénétration pacifique) ne demanda à continuer purement et simplement les négociations engagées avec la France. Et ce fut, lorsque Mohammed-el-Djelloud ici présent, eut timidement fait valoir cette solution comme la plus sage, un tolle général dans l'assemblée.

» Porte-parole du Sultan, je conclus qu'il fallait profiter une fois de plus des divisions européennes pour refuser à la France l'étude des réformes, n'accorder aucune concession à l'Allemagne et demander la réunion d'une conférence internationale à Tanger — ce qui ferait gagner du temps et détournerait peut-être, peu à peu l'attention des Puissances, du Maroc. A cette opinion — celle de Sa Majesté — tout le monde se rallia.

» Précisément, M. Saint-René Taillandier devait être reçu, le lendemain 28 mai, en audience privée. La réception eut lieu sans incidents. Immédiatement après, par contre, M. de Tattenbach, qu'on avait invité à se rendre au Dar-el-Maghzen, recevait la réponse d'Abd-el-Aziz, par mon intermédiaire, tandis que Sa Majesté notifiait, par lettre, à votre ministre à peine rentré chez lui, l'interruption momentanée des conversations relatives aux réformes, parce qu'il jugeait opportun de demander aux Puissances signataires de la convention de Madrid, la réunion d'une conférence internationale à Tanger.

» A n'en pas douter, cette solution était un échec à la politique imprévoyante de M. Delcassé; mais c'était aussi — ce qu'on n'a pas dit jusqu'ici — un échec à la politique allemande.

» Par exemple, tandis que M. Saint-René Taillandier restait écrasé sous le coup d'un revirement imprévu, le représentant de Guillaume II tirait, en criant victoire, un admirable parti de sa défaite.

» D'après lui, tout allait pour le mieux dans le plus vieux des mondes, et l'empereur se déclarait satisfait de l'attitude nouvelle du Sultan.

» On sait comment le prince de Bulöw et les journaux à sa solde ont soutenu cette thèse — comment aussi des Français ignorants l'ont suivie.

» M. Saint-René Taillandier, secondé à Fez et à Tanger par deux diplomates de valeur, MM. de Saint-Aulaire et de Cherisey, s'est montré à la hauteur de sa tâche. Et s'il m'est permis de faire une réserve, c'est que votre représentant ait peut-être montré trop d'intransigeance dans l'affaire d'Abd-el-Hakim, dont il demandait impérieusement l'expulsion.

« Abd-el-Hakim, sujet tunisien, avait la confiance du Sultan. Par deux fois il fut chargé de missions confidentielles, en Europe — dont l'une, à Constantinople, il y a deux ou trois ans, aboutit presque à une réconciliation des deux souverains religieux de l'Islam.

» Froissé de votre attitude vis-à-vis de son conseiller intime, Abd-el-Aziz ne prononça pas, au cours des entretrevues décisives du 27 et du 28 mai, un mot favorable à la France. Peut-être auriez-vous agi avec plus de diplomatie en tentant de vous assurer l'amitié d'Abd-el-Hakim que vous verrez, un jour ou l'autre, ministre de Sa Majesté chérifienne (1).

Le grand vizir s'est tu... Il cherche maintenant à connaître l'effet produit par ses déclarations sensationnelles, — mais sa curiosité est déçue... C'est à l'école des princes asiatiques

(1) J'ai publié les déclarations d'Abd-el-Hakrim ben Sliman dans *La Presse* du 13 juillet 1905 — à l'heure précise où la question marocaine nous affolait au point de nous faire croire à la possibilité d'une guerre avec l'Allemagne. Elles n'ont eu aucun retentissement.

Au mois d'août, *Le Temps* et *Le Matin*, les reprenant pour leur compte, après confirmation officielle, n'ont pas eu plus de succès. L'ignorance du public français, en matière de politique extérieure, est d'ailleurs légendaire.

que j'ai appris à ne pas trahir ma pensée. Et ceux-là sont les maîtres d'Abd-el-Krim ben Sliman et de tous les diplomates du Maghreb.

XVIII

Aux Rives de la Mehdiouna

Nous avons quitté Fez et nous suivons la piste qui longe les étangs. La caravane est imposante. Outre Mohammed, plusieurs de ses serviteurs et les deux double-solde, dont je gratifie encore la paresse, des gens de Djedida qui retournent chez eux, se sont joints à nous.

Tout le long de la sente, nous croisons des soldats à cheval, des femmes voilées assises sur des mules ; des ânes, des chameaux et un groupe d'étalons dont la blancheur s'harmonise avec celle des pics neigeux de l'Atlas.

Les berges gazonnées sont couvertes de fleurs, d'arbustes, de roseaux et des bancs de joncs forment des îlots au milieu des eaux. Parmi des buissons et des cactus, à côté d'un figuier tordu, un palmier s'élève, qui coupe de la longue et mince bande de son ombre le gazon émaillé de pâquerettes.

Il n'y a pas un souffle d'air, un calme profond règne autour de nous et, dans la voûte infinie du ciel, le soleil descend lentement dans sa splendeur, baignant la grande mélancolie des choses. Dans les douars, sur les vieux murs gris, courent des lézards ; les verts se nuancent de teintes chaudes ; les cimes des montagnes bleues se frangent de minces filets écarlates et, très loin, les glaces de l'Atlas brillent toutes roses dans les pourpres violacées du ciel.

Quand nous arrivons près de la Mehdiouna, le plateau s'abaisse brusquement en une pente aride, rayée de grandes strates de roches grises, hérissées d'énormes blocs de calcaire aux arêtes déchirées. Au bas coule l'oued entre des rives boisées, tranchant sur le versant nu et rugueux.

C'est un endroit fréquenté des caravanes ; c'est là que le Sultan s'arrête quand il va à Méquinez ; c'est là également que sont venus nous rejoindre et nous porter la mouna, le cheik de Djedida et les notables du pays.

Quel est le sentiment de pitié que nous inspirons à ces fils de l'Islam ? Existe-t-il une psychologie de l'âme indigène ? Quelles images, quels rêves se déroulent au fond de leurs cervelles ? Embrassent-ils le destin de leur vie ? Souffrent-ils de nos douleurs ? Que deviennent, quand nous les quittons, ces habitants qui accourent se ranger pour nous voir partir ? Sans doute, rien ne change dans l'existence semée de luttes et d'alertes perpétuelles qu'ils mènent quand nous sommes chez eux et qu'ils mèneront encore quand nous ne serons plus là.

Ces tentes pencheront davantage vers le sol leurs toiles délabrées, ces hommes continueront à prier, à chanter d'étranges mélodies, à jouer du tam-tam le long des chaudes journées de soleil, avec le bruit sourd et monotone de tonneaux qu'on roulerait sans cesse sur le pavé des rues ; les femmes, immuablement, s'ennuieront au harem et l'eunuque seul pourra voir le mouvement disgracieux de leurs hanches trop saillantes et de leurs seins trop pendants ; et rien ne se modifiera jamais dans leurs mœurs ni dans leurs vies, jamais une recherche extérieure n'y mettra un peu de ces impressions nouvelles sans lesquelles l'existence ne serait pour nous qu'un cauchemar; si impersonnels, ces Musulmans, qu'ils se confondront dans mon souvenir les uns avec les autres, comme des branches pareilles de l'arbre humain; comme les ombres des palmiers dans le confus crépuscule; comme les entrelacements de verdures qui surplombent leurs cases...

A ceux qui naissent, qui souffrent et qui expirent sans qu'un écho de leur enfance, un soupir de leurs peines, un cri de leur agonie vienne jamais mourir à la surface de cette Europe que nous croyons le monde, doit-on préférer comme plus sages ceux qui, s'épuisant à forcer l'attention des hommes, succombent douloureusement sous le rocher de Sisyphe et n'emportent dans la grande ombre ni moins de misère ni plus de vanité ?

XIX

Les Ruines de Volubilis

Avant d'entrer à Méquinez, nous faisons un détour pour visiter le Kasz-Pharaoh, ainsi que les Arabes appellent, on ne sait pourquoi, les ruines romaines de Volubilis.

Il était difficile, disons-le à l'honneur des anciens, d'apporter dans le choix d'un site un plus heureux discernement de la beauté pittoresque avec un instinct plus profond de ces harmonies de la nature, qui exercent sur l'âme de l'homme et, comme à son insu, une influence si pénétrante.

Du plateau sur lequel était bâti Volubilis, l'œil embrasse une vaste étendue de collines, dont les formes ondulées s'élèvent, s'abaissent, se déroulent, se replient, s'éloignent, reviennent, fuient de nouveau, se perdent enfin et semblent s'évanouir comme les flots de la mer au sein d'une immensité sans limites. L'herbe courte et glauque, qui recouvre les cimes, les ombres larges et transparentes que projettent leurs flancs arrondis, ajoutent encore à l'effet singulier qu'elles produisent. Vers le soir, quand la lumière commence à descendre indécise et qu'un voile de brumes crépusculaires flotte sur les champs, l'illusion devient complète ; on croirait voir les vagues de l'Atlantique, suspendues tout à coup dans leur cours par quelque enchantement. L'œil épie, il attend en quelque sorte l'instant où, déliées de la formule magique, elles vont reprendre leur mouvement éternel.

De l'antique cité, il ne subsiste qu'un arc de triomphe aux pierres disjointes, une muraille et les portes d'un temple. Le sol où, parmi les lauriers roses, poussent des herbes grêles, est jonché de pierres et d'éclats de marbre. Des cigognes reposent sur les sommets de ces ruines où les faucons ont fait leurs nids. Les blocs de ses assises ont servi à clôturer Méquinez ; ses colonnes ornent les portes monumentales de la ville musulmane et ses plaques de porphyre embellissent les sanctuaires des mosquées. Volubilis s'en est allée, pierre par pierre, sur le dos des chameaux et dans les kaufas des mules, car le vandalisme est de tous les âges et de tous les milieux...

XX

Méquinez

C'est dans une gorge sauvage des monts Zahroun, que s'étage en terrasse Méquinez la sainte, dont la zaouïa renferme le tombeau de Moulay Hedriss Ben Abdallah, père du fondateur de Fez.

En jetant un coup d'œil d'ensemble, l'on reste en admiration devant les proportions parfaites et le style grandiose de l'œuvre musulmane. Si l'on pense avec Gœthe que l'idée de permanence, de solidité, est l'idée architecturale par excellence et que « l'architecture ne peut, sans sortir jusqu'à un certain point de sa nature sérieuse, condescendre à l'agrément, l'élégance », on s'explique pourquoi le style des maisons de Méquinez donne l'expression d'une convenance si haute et si parfaite. Il semble à regarder ces constructions si bien assises, que le temps malgré ses atteintes sera sur elles sans puissance. Leur beauté qui réside toute entière dans la sévérité des profils, dans la proportion et la rusticité graduée des étages, dans la rencontre et l'agencement de la ligne droite et de la ligne cintrée, dans le dessin et l'ordonnance, au devant de la façade, de ces anneaux et de ces lanternes qui, à certains jours de fêtes religieuses, sont éclairées du feu des torches ; cette beauté imposante et sincère n'offre que peu de prise à l'outrage des ans ; et, lorsqu'on comprend ce genre de beauté, il devient impossible de ne pas la préférer à tout autre.

Depuis notre départ de Fez, nous avions causé, Mohammed et moi, abondamment, familièrement et gaîment de toutes choses ; aujourd'hui, à mesure que nous avançons, nous devenons plus sérieux ; bientôt, descendus de cheval, nous marchons en silence ; involontairement nous nous isolons l'un de l'autre. La nature s'impose à nous. Malgré la main puissante qui l'a domptée, en mordant des montagnes qu'elle semblait avoir interdites aux habitations humaines, l'on sent ici, tout autour de soi, je ne sais quoi d'inconnu et d'inaccessible qui consterne. Aux clartés resplendissantes de ce soleil qui se reflète sur les terrasses, on respire mal. Quelque chose pèse sur l'âme dans ces régions; l'on a hâte de les traverser; il n'est pas de rapports entre elles et nous, et ce n'est pas, apparemment, à la même loi qu'obéissent notre esprit mobile et leur indifférence éternelle.

Vers midi, nous arrivons, après avoir traversé des rues, des places et des carrefours de plus en plus tristes et de plus en plus sales, dans la maison où nous coucherons une nuit et que nous devons à l'obligeance du Pacha fastueux qui gouverne la ville... C'est un taudis humide, dont on vient d'expulser, sans tambours ni trompettes, les locataires, et je me prends tout de suite à regretter le pavillon très clair que j'habitais à Fez.

Au voyageur lassé de ses visites à des cités similaires, Méquinez offre des originalités locales. C'est ainsi que le fondak, notamment, ne ressemble en rien à ceux de Fez.

Au-dessus de nos têtes, dans cette hôtellerie, un grillage de fer recouvre l'ouverture d'une cour entourée de portiques. Leurs colonnes à pans coupés jusqu'à la naissance des chapiteaux, sont protégées à leur partie inférieure par un étui en bois et, de leurs impostes, partent des arches brisées de courbes et de lignes droites, coupées, avant leur intersection, par une triple rangée de poutres superposées et sculptées, surmontées d'une galerie. Des portes, au rez-de-chaussée, donnent accès dans des chambres qu'on loue aux voyageurs.

Malheureusement, le tout est dans un état de délabrement extrême. La cour est défoncée ; les colonnes sont rongées à la base et la galerie du premier étage est complètement dégradée.

Certains coins du bazar ont aussi leur originalité. Des tapis de laine de Mogador emplissent de petites niches, au fond desquelles on aperçoit des marchands qui tournent leurs chapelets dans leurs mains sans s'inquiéter de la clientèle.

Au quartier des orfèvres, les maisons sont de simples cubes percés d'un trou carré. Là, devant un comptoir crasseux, des gens travaillent des bijoux d'or et d'argent de formes extravagantes. Ce sont des agrafes où, en guise de brillants, on a enchâssé des grains de verre, des colliers d'argent massif anx dessins bizarres ; des anneaux de chevilles ou de poignets; des dents de lion et des griffes de tigre, avec des pendeloques qui conjurent le mauvais œil et des flacons contenant du kohl.

Parmi les autres curiosités locales, il faut citer, à la Casbah, la porte de Moulay Ismael. Sa masse imposante, tranchant sur la ligne régulière des murailles se détache sobrement élégante entre deux bastions, dont les arches sont supportées par des piliers de marbre. Autour de l'ogive, en fer à cheval, ce sont des collerettes.

d'arabesques, délicieuses de finesse, encadrant elles mêmes des moulures qui font ressortir avantageusement les lettres noires sur fond vert, d'un verset du Coran. Aussi profane que l'on soit en matière architecturale on reste surpris de l'agencement parfait de ces dessins qui se perdent dans des alternances de courbes et de lignes brisées, se mêlant à l'infini en une série de combinaisons géométriques, très compliquées, sans doute, mais du goût le plus exquis.

Plus simple, mais aussi grandiose dans sa superbe ordonnance que celle de Moulay Ismael, la porte par laquelle nous sommes entrés à Méquinez, disparaît sous une magnifique broderie d'entrelacs et de faïences vernissées, enchevêtrées avec art.

Plus bas, adossés à la muraille, sont le tombeau et la khouba du vénéré Sidi Ali ben Hamdouch et sa jolie fontaine. L'ensemble de ces coquets édifices se detache très clair sur un groupe d'oliviers poussiéreux. L'arche de la porte de la khouba et la fontaine, sont d'une admirable pureté. Du milieu d'un cintre gothique, s'échappe l'eau limpide qui retombe dans un bassin rectangulaire. Autour du cintre se déroule une triple rangée d'arabesques fouillées avec habileté.

En regagnant la ville, nous passons vers maghreb, devant une mosquée. Du haut du minaret, le muezzin appelle les fidèles à la prière... Les voici qui rentrent. Leur démarche est lente; leur regard est lent ; leur parole, que je surprends au passage, est plus lente encore, Pourquoi se presseraient-ils, en effet ? Pourquoi regarderaient-ils autour d'eux ? Pourquoi se parleraient-ils? Qu'ont-ils à faire, à voir, à dire ? Nous croisons un vieillard, courbé vers le sol, qui s'en va, poussant devant lui son cheval. Il le conduit au champ ; quel champ ! Il le ramènera tout à l'heure en rapportant sur son dos un fagot de broussailles... Qu'a-t-il pensé durant une existence écoulée de la sorte dans cette cité sainte, dont il n'a jamais songé à quitter l'ombre ?

Quelle différence existe-t-il entre son esprit obtus et l'instinct de la bête à laquelle il prodigue ses soins ? A-t-il eu dans sa longue carrière, du berceau à la tombe, où son pied se heurte, une seule curiosité, une seule joie désintéressée? A-t-il connu un sentiment supérieur aux sensations affectives de la vie animale? Est-il certain, est-il croyable qu'il ait une âme libre ?... Le cri du muezzin retentit encore dans l'air, sonore ; la mosquée est ouverte ; je regarde. Aux clartés incertaines du couchant, à la lueur des lampes, j'aperçois des hommes agenouillés et je cherche en toute simplicité de cœur à m'unir d'intention au sentiment qui les amène là. Bientôt, à l'émotion qui me gagne, je sens ce que je ne comprenais pas en les voyant passer : je reconnais qu'il existe, entre eux et moi, un lien, une affinité véritable ; qu'eux aussi, par la prière, peuvent s'élever à la vie immortelle et que, s'ils sont restés dans une condition qui me semble celle des brutes, ils n'en sont pas moins mes semblables, selon la nature et selon Dieu.

La grande figure de leur Prophète m'apparaît. Il les a tirés du néant. Il a suscité le principe de l'éternité et fait tressaillir, dans ces couches infimes du limon humain, le germe enveloppé du progrès.

En rentrant dans notre maison humide, je dis à Mohammed, qui a deviné le sujet de mes réflexions :

— Non, l'instruction que nous voulons donner aux fils de l'Islam ne suffira pas pour renouveler, jusque dans ses profondeurs, votre société où tout s'écroule. Pouvons-nous imaginer un moment, dans les siècles futurs, où la parole de Descartes, de Spinoza, de Hegel, apportée dans vos anciennes cités, y remplacerait le Coran ? Je ne le crois pas... Et ceux qui voudront ramener les musulmans à l'idéal d'une société que certains d'entre vous rêvent comme moi — auraient-ils en partage la science de Machiavel et la puissance d'Auguste — devront encore demander le secours de Mahomet. Ils devront s'efforcer de vivre comme vécut le Prophète dans la simplicité, dans la charité, sans lesquelles on pourra bien encore subjuguer les hommes en les trompant, mais non les élever à cette moralité plus haute à laquelle tout groupement humain aspire sans en avoir conscience et qui seule les rendra capables de vouloir, de conquérir et de conserver des institutions nouvelles.

Et Mohammed conclut :

— Ah ! si tous les Nazaréens partageaient tes idées !...

XXI

A TRAVERS L'ATLAS

En quittant pour toujours Mequinez la sainte dans un cadre de magnificence et de paix, où l'œil se reposait délicieusement sur des campagnes fleuries, des cours d'eaux aux rives verdoyantes —, dans un cadre mouvementé, mais où le ciel pénétrait tout le paysage, nous pensions :

— C'est bien ici le pays de la couleur et de la lumière ! La couleur s'étale partout, riche et splendide ; la lumière ruisselle et éblouit. C'est une fête perpétuelle pour les yeux. Tout leur est spectacle et enchantement. A côté d'un chef-d'œuvre d'architecture ancienne, un rien les étonne et les charme ; une porte de mosquée en ruine, une échoppe de marchand, un coin de rue tortueux avec ses fenêtres sculptées : voilà tout un tableau et un tableau parfait dont le soleil, à chaque heure du jour, précise les détails.....

Hélas ! depuis deux semaines que nous nous sommes éloignés de la cité chérifienne et que nous longeons les contreforts du Moyen-Atlas, il ne nous est plus permis d'admirer ces jeux merveilleux de l'ombre et de la lumière. Depuis quinze jours, il pleut ! C'est à grand'peine que nous avons pu traverser l'oued Beht et, depuis, les difficultés du voyage se sont encore accentuées, d'heure en heure.

Les chevaux et les mulets glissent à chaque pas dans les sentes impraticables. Rien de plus traître d'ailleurs que ces fameuses pistes de l'Atlas. Parfois, nous apercevons devant nous un petit sentier qui paraît praticable ; mais, à peine y sommes-nous engagés que la mince couche de boue séchée qui le couvre cède sous nos pieds. Après un ou deux vains essais de relever les bêtes, celles-ci glissent de plus en plus et nous n'avons pas d'autre remède que de les décharger complètement de tout fardeau, tandis que nos muletiers s'emploient à les tirer de la vase.

Afin d'éviter pareil contre-temps, nous nous faisons précéder d'un piéton qui sonde le terrain.

Pour le transport des bagages, nous apprécions particulièrement les chameaux dont les pieds spongieux tassent la terre à demi desséchée et ne s'y enfoncent pas. Lorsque, par hasard, il ne pleut point, les nuits sont très froides et nous grelottons sous nos tentes ; la rosée, même en cette saison, est abondante, et il serait prudent à un homme sage de ne pas s'y exposer. Les ophthalmies, assez fréquentes ici, paraissent en grande partie devoir être attribuées à cette cause...

Depuis notre départ, la halte la plus intéressante a été celle de Kasba Tadla sur l'oued Oum-er-Rébia ou Amehd et Mouha ont reçu du caïd de la tribu, respectueux serviteur d'Abd-el-Aziz, une abondante mouna.

Après les longues chevauchées, nous éprouvons une véritable joie à nous accorder un jour de repos.

Un bois de palmiers et de mimosas entoure le village près duquel nous campons. Nous y chassons des palombes et des tourterelles qui s'y trouvent en grand nombre. Personnellement, je tue quelques oiseaux, d'un vert émeraude, de la grosseur d'une perruche et dont j'ignore le nom. Les pauvres bestioles qui ne sont jamais chassées se laissent approcher sans défiance. J'espérais les faire empailler par Amehd, qui en sa qualité de factotum, sait à peu près tous les métiers, mais nous ne possédons pas les ingrédients nécessaires.

Attirés par nos coups de fusil, les habitants du village s'approchent peu à peu de nous. Beaucoup conservent à notre endroit une réserve hostile. L'expression de leur visage est plutôt défiante. Quelques-uns se signalent à notre attention par leur vigueur corporelle et la beauté sévère de leurs traits.

Des enfants ayant ramassé les palombes

abattues, nous nous montrons généreux — ce qui pousse leurs pères à nous demander de la poudre. C'est le cadeau qui leur fait le plus plaisir, car les plus pauvres, dans l'Atlas, possèdent un fusil. Peu à peu, les femmes viennent aussi rôder autour du campement. Elles nous examinent avec curiosité.

Leurs toilettes peu compliquées se composent d'un vêtement de coton roulé autour du corps. Les plus élégantes portent des bracelets et des colliers de verroterie. Trois ou quatre ont le visage voilé, mais la plupart, moins sévères que dans les villes, laissent la figure complètement découverte.

L'une d'elles, grande fille de seize ans, peut passer pour un type de beauté : elle a de grands yeux noirs et brillants, le nez droit, la bouche un peu forte mais gracieuse cependant. Sa physionomie, vive et ouverte, exprime l'intelligence et la douceur.

Bref elle est *femme* et, comme telle, elle apparaît redoutable, sphinx au sourire traître, chimère aux yeux de rêve, sirène berceuse et câline. Tous les noms de l'impossible, tous ceux du réel, enveloppent, réseau fluide, son corps de Protée. Elle est la flamme, elle est le sourire, elle est la fleur et le parfum. L'ange blanc, la muse et la madone, c'est elle. Elle est la fille sainte de Fatime. Tous les contrastes, tous les vertiges. Elle marche sur les abîmes et sur les flots. Elle est l'étoile au firmament et son reflet dans la boue.

Dans ce pays perdu, dans ce coin de l'Islam fermé à la civilisation, la jeune femme de Tadla nous hallucine à ce point que fermant les yeux, une minute, elle nous apparaît, tout-à-coup, avec le teint doré de Cléopatre, le masque insolent des Impéria couvertes de brocarts, la hautaine grâce des Diane de Poitiers, le satanique orgueil des Montespan. Elle est l'almée du sérail, la Japonaise puérile, le cygne blanc de Scandinavie, la Gabonaise aux traits fins. Nous ne savons rien d'elle que l'immensité de nos désirs et l'effroi qu'elle nous inspire. Il nous semble qu'en touchant la robe d'Isis, nous tomberions inertes aux pieds de la déesse.

Et cependant ceux qui aiment ne sont-ils pas dans la réalité éternelle de la vie ? — Certes, le jour n'est pas proche où les cœurs cesseront de vibrer quand Roméo, enivré sous le balcon de Juliette, murmure :

It is mylady. O it is my love !
O that she knew she were ! —
She speaks, get she sarp nothing, what of that ?
Her eyes discourres : I will answer it.

Voici, ma dame, ô voici mon amour !
O si elle pouvait le savoir !
Elle parle, et même quand elle ne dit rien, [qu'importe !
Ses yeux parlent et je veux leur répondre...

Nous remarquons que les enfants sont affreux jusqu'à six ou sept ans. Ils circulent à peu près nus. Leur peau est blême, leur mine chétive.....

Au cours de la reconnaissance que nous faisons vers le Haut-Atlas, dans le triangle compris, entre l'oued el Abid et l'oued Tessaout, la nature, quoique mouvementée, est un peu monotone au premier aspect. Elle est cependant empreinte d'un charme spécial auquel on n'échappe pas. Les paysages ont, dans la grandeur des horizons, dans l'austère beauté des lignes quelque chose qui saisit et qui émeut à l'égal de nos campagnes du Périgord. Souvent c'est la même désolation et la même mélancolie ; c'est le même contraste de la solitude présente avec le mouvement et la vie d'autrefois. Les rivières qui roulent dans des vallées profondes et dont la plupart des sources sont encore un mystère pour les géographes, le ciel d'une inaltérable pureté, la nature sévère — tout concourt à la majesté du tableau, chaque détail ajoûte à l'effet de l'ensemble.

Les misérables habitants des douars, à peine couverts de haillons, portent ces loques avec tant de noblesse naturelle que, de loin, montés sur leurs mulets ou conduisant leurs chameaux, ils font songer aux patriarches. Les femmes qui viennent aux rives de l'oued Tessaout puiser de l'eau dans des cruches de forme antique qu'elles posent gracieusement sur l'épaule, ont dans leurs longs voiles, avec leur démarche fière et grave, quelque chose de biblique.

La plupart des rivières coulent, dans l'Atlas, entre des coteaux ou des montagnes, qui s'étendent parallèlement. Ces élévations de roches calcaires, nues, brûlées, dépouillées parfois de toute espèce de végétation, sont néanmoins harmonieuses de forme et de couleur. Les dattiers, les mimosas, les lauriers roses sont à peu près les seuls arbres qui croissent dans les vallées.

Partout où l'on voit de loin s'élever leurs massifs d'un vert sombre, on est sûr que quelque village se cache sous leur ombrage. Le palmier paraît ici un arbre d'un port élégant, mais dont la beauté naturelle s'harmonise à merveille par la variété de ses attitudes avec les hauts plateaux solitaires dont il est le seul ornement.

C'est surtout le soir, au coucher du soleil, que ces paysages nous apparaissent dans toute leur splendeur. Nous dînons de bonne heure pour ne rien perdre de ces magnifiques spectacles que, depuis plusieurs semaines, nous ne nous lassons pas d'admirer.

Lorsque le soleil disparaît, le ciel s'embrase tout à coup et prend des teintes d'or vif qui incendient l'horizon. Peu à peu, cette teinte devient plus ardente, plus empourprée ; puis, passant par tous les tons de l'orangé, elle finit par se perdre dans des nuances d'or pâle. Bientôt d'innombrables étoiles s'allument au ciel et un nuit brillante — une véritable nuit des tropiques — semble vouloir perpétuer le crépuscule.

Les Arabes psalmodient leur chant monotone et nous restons plongés dans une muette contemplation jusqu'à l'heure où la fraîcheur de la nuit nous avertit de nous arracher à ce dangereux plaisir...

A deux jours de marche de Marrakech, nous rencontrons le frère du sultan. Moulay-Hafid. Dans ses déplacements, ce haut personnage entraîne toujours avec lui ses femmes, ses gardes, ses soldats, ses serviteurs, soit quinze cents personnes. Pour ses bagages seuls, on a dû réquisitionner près de six cents mules.

Moulay-Hafid ne ressemble pas à son frère. Le masque encadré d'un collier de barbe noire est troué de deux yeux noirs qui ne sont pas comme ceux du Sultan, muets dans leur beauté, morts dans la vie.

Hafid, à vrai dire, est le souverain du sud. Abd-el-Aziz ne s'y occupe de rien et n'est qu'une marionnette dans les mains de son aîné que les tribus voudraient asseoir sur le trône de Fez, malgré des droits contestables.

Au déjeuner qu'il nous offre sous sa tente — et quel déjeuner, mon Dieu ! — nous rencontrons tous les qîad des tribus voisines, venus pour le saluer et lui offrir la mouna.

Sur la table grossière une nappe en toile chiffonnée. Assiettes et verres, tout est dépareillé ; les couverts de ruolz, ternes et usés, ainsi que les carafes. Amehd nous sert nos vins et nos eaux minérales, tandis que nos commensaux, en bons mulsumans, boivent l'eau sale des carafes. On nous présente une quinzaine de plats, et chacun d'eux revient plusieurs fois. Comme dessert, je note, dans ma mémoire, certaine salade d'oranges à l'eau de rose qui est, somme toute, un bien maigre régal.

Enfin, c'est fini. Nous nous levons pour aller sous une tente voisine — au fumoir — prendre un thé vert très sucré agrémenté de menthe.

Avant de quitter le prince, nous voulons photographier des groupes. Mais nos Marocains s'y opposent avec véhémence et nous remettons aussitôt nos kodacks en bandoulière.

Mouha, qui regarde curieusement des aigles planant au-dessus de nos têtes, me dit, avant d'aller baiser le manteau de Moulay-Hafid :

— Vous verrez... le chérif sera bientôt notre Sultan.

Et, tandis que nous rions de la prophétie, Mouha reprend, sans rien objecter, son impassibilité première.

XXII

Marrakech

Pour conserver de Marrakech une impression ineffaçable — pour avoir une vue d'ensemble de la cité impériale, on doit faire l'ascension des rochers groupant le djebel Ghilis où se trouve la Koubba de Sidi-bel-Abès, son patron vénéré.

De ce point élevé on aperçoit au nord les montagnes des Djebilet; puis, la plaine du Tensift qui s'étend, morne et désolée, de l'est à l'ouest; enfin, au sud, la ligne neigeuse de l'Atlas.

Au pied du djebel Ghilis, la palmeraie forme l'oasis de Marrakech, à travers laquelle s'insinue l'oued Issil qui va rejoindre le Tensift auprès du pont d'El-Kantara. Dans la verdure poussiéreuse des arbres, une tache rouge. Ce sont les maisons en pisé, c'est la ville dominée par le minaret de la Koutoubiya et encerclée par des murailles qui englobent aussi le parc de l'Aguedal.

Les jardins impériaux sont dignes de leur renommée. Ils auraient pu inspirer l'adorable légende des jardins d'Armide. Déjà, il y a plusieurs siècles, ils passaient pour propices aux séductions amoureuses, comme le raconte une ancienne légende. Qui ne rêverait, en effet, un poème d'amour et de volupté, sous ces massifs d'orangers, de palmiers, de cactus sans cesse couverts de fleurs et de fruits ? Au printemps les parfums qui s'exhalent de cette forêt verte et blanche sont tellement forts, tellement excitants, qu'ils embaument toute la cité. D'innombrables oiseaux voltigent de feuilles en feuilles. Des oranges, dont la grosseur étonne et dont la couleur ardente éblouit, pendent à toutes les branches. On peut presque les saisir de la main en passant. Il faudrait la poésie du Tasse ou la musique de Gluck pour rendre les enchantements de ce site délicieux. On le quitte par malheur assez vite pour tomber dans une ville aux murs en ruines.

Après l'ombre des jardins, voici tout d'un coup la lumière. Nous débouchons sur la place de la Djamaâ-el-Fana (la place du trépas). L'espace s'ouvre et le vaste ciel rayonne sur le tumulte des hommes et des bêtes, sur les monceaux de fruits et de grains, sur les tueries de moutons, sur la criaillerie des marchandages, sur l'immobilité des fumeurs assis devant leurs narghilés, sur le rêve pacifique des chameaux qui ruminent en fermant les yeux, sur les étranges Maures venus de l'Extrême-Sud.

Avec quelle lenteur, parmi la foule vivace, ils traînent leurs couvertures pesantes, leurs vastes burnous, leurs harnachements d'étoffes roides d'où ne sortent que des doigts maigres, des yeux de feu, des nez busqués, des figures de bronze que le soleil a cuites, séchées, affinées, les faisant toutes se ressembler, faisant saillir chez toutes, avec un relief extraordinaire, le caractère élémentaire et permanent de leur race, de l'antique vagabonde des sables mauritaniens.

Nous nous installons vers onze heures chez des Anglais qui, sur la recommandation de M. Lawters, ministre de la grande Bretagne à Tanger, nous reçoivent très cordialement.

Le déjeuner se prolonge, les conversations s'animent. La maîtresse de céans m'entretient de mille choses indifférentes, tandis que mes yeux se charment à suivre le profil d'une petite Ecossaise qui nous sert, mince, sévère, toute vêtue ne noir, son étroite figure ascétique sortant d'une collerette puritaine, exquise, à côté de la fenêtre intérieure où, par dessus le feuillage des orangers du jardin, le ciel d'Afrique flambe dans la gloire implacable de midi.

Nous allons faire la sieste dans nos chambres qui sont très nues. Vers trois heures, la grosse chaleur est déjà passée. Dans cette atmosphère sèche, vide de vapeurs, elle ne s'emmagasine pas : on ne souffre que du rayonnement direct du soleil dont la flamme est dévorante durant les heures qui précèdent et qui suivent son passage au zénith.

Bien vite nous nous mettons en route, nous partons en reconnaissance.

A Marrakech le désenchantement de l'arrivée est très heureux et réserve une grande surprise. Je ne connais rien de plus extraordinaire que l'aspect de la vraie cité impériale, celle que les vieux créneaux entourent, celle que nous avons vue ce matin. Sous l'ardente coupole du ciel, elle est terne ; c'est une tache rouge, sans éclat, une tache de poussière, crue et précise. On ne s'attendait pas à cet étrange amortissement de la lumière. Et puis l'œil est déconcerté d'une autre façon. Sur les hauteurs, il y a quelques heures, l'air semblait évaporé, l'espace était vide. Il n'y avait rien de fluide pour envelopper et adoucir les lointains. Les rapports familiers étaient rompus entre les diverses sensations par lesquelles l'œil évaluait les distances.

Maintenant tout se précise. Sous le feu du soleil, cette Marrakech qui s'étend tout d'une pièce, étreint le cœur, l'épouvante par sa dureté, le désole d'une sensation de nudité.

Que fait-elle, cette ville, dans ce paysage étrange ? Il n'y a point de cité dans le monde qui lui ressemble. Elle reste toujours marquée d'un signe spécial. Dans cette désolation superbe, dans cette lumière exaltée, on sent bien qu'elle ne vit que de la vie de l'âme, d'une idée, d'un souvenir, et peut-être d'un espoir.

Morte au dehors, elle remue au dedans. Dans ces villes de l'Islam, la vie est obscure, cachée, intérieure comme dans une fourmilière. Qu'on l'éventre soudain, cette cité rouge, et des boyaux étroits apparaîtront, épanchant avec une rumeur sourde, des foules denses que l'on n'avait point soupçonnées.

Elle est divisée en trois parties essentielles : la casbah, réservée au gouvernement, la médina à la population musulmane et le mellah aux juifs.

En son absence le Sultan délègue à Marrakech un Khalifa — Moulay-Hafid — qui jouit de tous les droits impériaux. Sous ses ordres directs sont placés deux qiâd, l'un pour gouverner la médina, l'autre le mellah et la banlieue.

La casbah forme une ville elle-même, la ville maghzen. On y accède par deux portes : Bab Hagnaou, très ancienne et, Bab el Djedid, dont les mosaïques en faïence sont particulièrement curieuses.

La place de la Djamaâ-el-Fena est située au cœur de Marrakech. Elle est comme un trait d'union entre l'agglomération urbaine et les jardins impériaux.

La ville forme un enchevêtrement de rues étroites, sales et séparées par des portes nombreuses. Pour traverser certains quartiers on fait de véritables voyages souterrains au bout desquels on émerge à la lumière, à la vie. Dans cette obscurité on avance lentement à travers la pouillerie pittoresque. Comment l'homme peut-il vivre tassé ainsi contre l'homme ? Comment les pestes n'empoisonnent-elles pas ces obscures masses vivantes? Sauf quelques rues marchandes et assez animées, tout est silence et solitude.

C'est là un des caractères et des contrastes ; au sortir de la foule, du tapage, de l'encombrement de certaines rues vous tombez tout de suite dans de nouvelles rues désertes et qu'on dirait inhabitées.

Un peu plus loin, par exemple, on éprouve aussi la sensation inverse, quand on débouche, tout-à-coup aux alentours de la porte de Bab el Khémis (la porte du Jeudi) près de laquelle se tient un grand marché hebdomadaire. C'est là qu'on expose les têtes des rebelles à l'autorité du maghzen ; là, que le soir, des appels de tambour attirent la foule qui se partage entre les jongleurs et les conteurs indigènes. Très vite les groupes se forment et les auditeurs rangés en cercle, les uns accroupis, les autres debout, accompagnent de leurs acclamations les gestes ou la parole de l'artiste.

C'est un changement de décor à vue et la surprise est aussi grande, pour les voyageurs, la vingtième que la première fois. Dans nos villes d'occident les plus populeuses, nous connaissons le mouvement des affaires, l'affluence des promeneurs, la foule des fêtes populaires : mais notre activité est morose et silencieuse ; nos joies même sans gaîté et sans expansion. Au Maroc rien ne se traite qu'avec des cris et des chants : travail ou plaisir, c'est toujours une profusion de gestes, une abondance et une volubilité de paroles inexplicables.

Mais si vous voulez à côté de cette turbulence de la rue, admirer la gravité des Maures, promenez-vous dans les souks, regardez dans ces petites boutiques, pareilles à cellules carrées et qui sont, côte à côte, rangées. A l'un des angles est assis le marchand, les jambes croisées sur une natte ou un tapis. Immobile, les yeux à demi-clos, il fume silencieusement sa pipe au long tuyau de cerisier ou dévide son chapelet à gros grains. Si, d'aventure vous vous adressez à lui pour acheter quelque objet, gravement, lentement et d'un air ennuyé, il se lèvera sans dire mot, et se mettra, toujours sans se presser, en devoir de chercher ce que vous demandez. Jamais une parole engageante, une offre de service, encore moins une de ces flatteries dont les boutiquiers européens sont si prodigues à l'égard des clients sérieux. Lui, vous avez l'air de le déranger, il vous reçoit comme un importun qui trouble sa méditation ou sa prière. En vous vendant n'importe quoi il a toujours l'air de vous rendre service. Au surplus, tout grave, tout silencieux qu'il est, le marchand n'en est pas moins décidé à tromper l'acheteur et à surfaire sa marchandise. Avec lui comme avec tous les boutiquiers du monde, il est prudent d'être sur ses gardes. Si vous voulez qu'il vous fasse de meilleures conditions allez le trouver de préférence le matin de bonne heure : pour commencer sa journée sous des auspices favorables, il ne vous fera — si vous êtes son premier acheteur — payer la marchandise que ce qu'elle vaut.

Tandis que nous sommes occupés à examiner des koummiyas (poignards recourbés), nous entendons, au milieu du bruit général un cri perçant et singulier. On dirait un glouglou de dindon effrayé, mais dans un ton suraigu. Ce cri est poussé par des femmes qui marchent à côté et en avant d'un cortège de mules sur lesquelles sont installées des femmes voilées et richement vêtues. On nous dit que c'est une noce qui passe et que les parents et amis conduisent la fiancée chez son futur époux.

Ce gloussement bizarre, appelé en arabe *zagarit*, se produit en agitant vivement la langue dans la bouche entr'ouverte. C'est un signe de réjouissance que l'on fait entendre, paraît-il, dans toutes les fêtes de famille.

Le marché des esclaves est une annexe du bazar de Marrakech. On y trafique trois fois par semaine, publiquement, et les Européens eux-mêmes, peuvent sans grande difficulté assister à la vente. Dans une cour entourée d'arcades, les amateurs forment cercle, tandis que des crieurs promènent la marchandise offerte au dernier surenchérisseur. La plupart des négresses du Soudan, mises en vente devant moi, ne sont plus de la première jeunesse et les clients sont rares. Ils tâtent les bras, les jambes, les seins, les croupes, examinent les yeux, les dents. Bref c'est un spectacle absolument répugnant.

Les Européens sont encore très peu nombreux à Marrakech dont la population dépasse cinquante mille âmes. Une partie d'entr'eux résident à la mission protestante anglaise qui fonctionne depuis vingt ans.

Après Tanger, la cosmopolite Infidèle ; Tetuan, la perle du Maghreb ; Fez, cité maghzen et Méquinez, ville sainte ; après les plaines humides qui vont mourir aux pieds de l'Atlas ; après les nappes rouges que font jusqu'à l'horizon des eaux lourdes de limon nourricier ; après la grandeur et la simplicité de cette terre classique de la foi musulmane, on est séduit ici par le calme de la palmeraie et le charme tranquille des jardins de l'Aguedal.

C'est bien ainsi que j'imaginais le paysage : des verdures de lauriers autour des fontaines, des orangers festonnant de leurs feuilles la pureté limpide de l'azur ; çà et là, un pâtre menant ses moutons, ou bien une file de chameaux débouchant, silencieuse et inattendue, entre deux haies de cactus ; un pays irrégulier, bossué, des horizons courts, une terre à tribus séparées, à légendes locales. Cette Marrakech même, qui jette jusqu'à l'oasis ses maisons en pisé est nette, précise, et avec cela peut-être, la ville la plus pittoresque de l'Islam.

XXIII

Vers Mogador

De Marrakech à Saffi, la piste a cent cinquante kilomètres qu'il est possible, en temps normal, de parcourir en vingt deux heures. En laissant derrière nous la vallée du Tensift, des Djébilet chez les Abda, nous traversons d'abord pendant dix mortelles heures la tribu des Ahmar, nous descendons graduellement des hauteurs vers la mer. La terre est rouge. Ici, plus un arbre, plus un buisson. De loin en loin, seulement, de maigres jujubiers.

Au campement de Ras-ech-Châba (tête du ravin) chez Si Tahar ben Bachir, nous croisons une caravane dont les hommes sont armés jusqu'aux dents. Il est vrai qu'ils escortent de belles personnes qui n'ont pas le teint jaune et bruni des femmes de Marrakech. Leur visage est voilé et elles portent des vêtements amples, ce qui ne fait pas ressortir l'énormité de certains avantages que les Européennes ont depuis, plusieurs années déjà, le mauvais goût de ne plus dissimuler sous des plis flottants.

Nous descendons encore, régulièrement, sur la pente continue, parfois au bord des fissures béantes qui effarent nos petits chevaux et qu'ils s'obstinent à longer, qu'ils recherchent par caprice nerveux, pour le plaisir de tressaillir, jusqu'à ce que la monotonie de cette marche et de ce paysage les endorme dans une allure régulière.

Nous arrivons chez les Abda. Le pays est riche, le bétail abondant, les cultures nombreuses. Beaucoup de vergers de figuiers et de nopals. Point d'eau, mais des citernes un peu partout. A la résidence du caïd où nous faisons halte, nous ne sommes plus qu'à quatre heures de Saffi. Si Aïssa ben Omar est un des grands chefs du Maroc méridional qui dispose d'une garde particulière de 150 mchaouris et possède un haras d'étalons. Les Abda constituent une tribu puissante, forte de 35000 feux...

Arrivée à Saffi au coucher du soleil. La ville se presse sur un éperon qui descend vers la mer. Tout d'abord on n'aperçoit que la casbah ; puis, au détour de la porte, une étroite cascade de maisons blanches à toits plats dévalant jusqu'au port. Des tours crénelées flanquent les murs de la côte et sur le rivage on remarque un château-fort, d'origine portugaise, qui complète harmonieusement les fortifications. Au milieu de la ville blanche surgit la masse carrée d'un minaret. A droite, un ravin profond où se blotissent, dans la verdure, de pauvres chaumières. A gauche, le faubourg de Rabat, les entrepôts et la zaouïa, élevée sur la tombe du patron de la ville. Telles sont à peu près les grandes lignes de Saffi la jolie que nous quittons dans l'après-midi...

Nous approchons du terme de notre voyage. Cent dix kilomètres seulement séparent Saffi de Mogador où nous serons au petit jour.

La piste se déroule, comme un long ruban, sur la plage argentée. Je n'ai jamais vu de nuit aussi pure et de clair de lune aussi brillant. La tiédeur de l'atmosphère nous entoure de toutes parts. Je voyage botte à botte, avec une aimable compagne que le charme de cette nuit divine enivre comme moi. Dans de tels moments les tempéraments les plus rassis se laissent aller à l'instinct poétique qui reste d'ordinaire engourdi chez beaucoup d'entre nous, mais dont personne n'est tout à fait dépourvu. Quant à ceux que leur imagination entraîne et qui sont perpétuellement les dupes de leur cœur, comment résisteraient-ils à de pareilles séductions ? Tous les sentiments qui sommeillent au fond de leur âme, espérances dissipées, illusions détruites, se réveillent avec une mélancolie qui n'est point sans douceur et murmurent autour d'eux comme le bruit des flots montant jusqu'à nous.

Vers cinq heures du matin, le jour commence

à poindre et nous apercevons Mogador construite sur une langue de terre, qu'une lagune sépare presque complètement du continent. La ville se prolonge par une bande de récifs, qu'une passe étroite et peu profonde sépare d'une île escarpée. Nous descendons de cheval, disant adieu aux évocations de la nuit.

Ah ! si nous avions en France, pour interrompre la série des impressions courantes, une heure de ces nuits d'Afrique, comme on la goûterait avec lenteur et volupté !

Pour ceux qui ne font que passer dans cet étrange Maghreb, les sensations se succèdent. Bientôt les yeux se ferment, las d'éblouissements. On n'a plus assez de forces pour s'imprégner de tout ce que verse à flots la nature. Et cependant le cerveau, lui, veut boire, et boire encore à la coupe enchantée ; son ivresse grandit avec sa lassitude et devient un délirium trémens angoissant et rongeur.

Alors, quoi ? — Jamais nous ne pourrons vivre un de nos rêves, enfin réalisé ? A nul moment de l'existence notre force et notre désir ne seront à l'unisson ? Ou la vie ne suffit pas à notre cœur, ou notre cœur ne suffit plus à la vie ? Un cœur et un cerveau ne peuvent donc pas, quand on le veut, s'élargir sans souffrir, sans risquer de crever comme un ballon qui monte, avec un lest trop lourd, vers des sphères trop hautes ?....

Ce port de Mogador est de création relativement récente. Il est né vers 1760, du caprice du sultan Sidi Mohammed ben Abdallah. Ayant eu maille à partir avec les gens du Sous, ce souverain leur coupa les vivres en ruinant Agadir et en faisant construire par un architecte français, Es-Soueïra (le petit tableau) qui est devenu le nom officiel de Mogador.

Construite sur un plan marocain, la ville conserve un alignement tout européen, et il n'y a pas, dans tout l'Islam, une agglomération qui soit aussi régulière dans ses grandes lignes.

Mogador est peuplée par vingt-cinq mille individus, en majorité originaires du Sous. Trois cents Européens y résident entre les deux casbahs, l'ancienne et la nouvelle, séparées par l'esplanade du méchouar.

Le commerce local se concentre dans l'exportation des peaux de chèvres, des amandes, de l'huile, de la cire, des gommes. Au grand souk, situé hors de la ville, aboutissent les caravanes qui ne doivent pas franchir les portes avant que leurs marchandises aient trouvé acquéreurs. Chameaux et chameliers y campent dans un pittoresque désordre.

Nous ne faisons pas un long séjour à Mogador, notre dernière étape, et cependant je pourrai dire plus tard que j'y ai passé des heures inoubliables, sous un berceau de feuillage qui me procure de l'ombre et de la fraîcheur. La campagne d'alentour semble grillée par le soleil. Mais à l'endroit où je suis la température, plus douce, est parfaitement supportable. Je me suis assis sur un tronc d'arbre. La solitude est complète ; le silence n'est troublé que par le murmure léger du flot et par des oiseaux qui font entendre un chant monotone composé de notes traînantes et plaintives qu'interrompent de temps à autre des espèces de soupirs. Amehd, Mouha, les autres serviteurs sont endormis, de sorte qu'aucune distraction ne peut troubler mes songes.

Je n'ai guère pu me recueillir durant ce voyage à travers le Maroc, les objets si divers qui se sont présentés à moi ayant continuellement excité ma pensée et mon imagination. Mais je me trouve enfin dans un milieu tranquille, presque européen à bien des égards, quoique à beaucoup d'autres il soit impossible d'en rencontrer un qui transporte à une aussi grande distance de l'Europe et qui éveille dans l'âme de plus grands souvenirs. La vue de ces flots bourbeux, sur lesquels ont flotté tant de choses saintes, m'inspire des réflexions assez tristes. Ce pays n'est-il pas le refuge d'une foi respectable? mais n'est-ce pas aussi dans cette onde impure que l'Islam s'est retrempé? Malgré moi, je ne peux m'empêcher de penser qu'il lui est resté quelque chose de non immaculé. Hélas ! ne se mêle-t-il pas un peu de boue aux plus belles croyances, aux plus nobles créations ? J'ai vu dans ce Maghreb des effets admirables de la foi islamique ; mais, à côté, quel fanatisme ! quelles discordes ! quels scandales et quelles misères !

Rien n'est parfait sur la terre ; rien de ce que crée l'homme ne satisfait l'idéal qu'il porte dans son cœur. La réalité n'est jamais au niveau du songe ; lorsqu'elle paraît l'atteindre, ce n'est que pour un temps restreint. Les premiers disciples du Prophète ont pu croire que le règne d'Allah allait enfin commencer ; ils se sont bercés de cette illusion ; elle les a nourris et soutenus ; puis tout s'est évanoui comme dans un mirage. Les révolutions humaines, religieuses et politiques obéissent toutes à la même loi. Nous ne bâtissons que pour donner à ceux qui nous suivent l'occasion de détruire ce que nous avons bâti. La vie se consume dans ces constructions et ces destructions stériles qui amènent, après les mêmes espérances, les mêmes dégoûts.

Le Maghreb est la tèrre des affirmations les plus énergiques, des affirmations soutenues jusqu'au sang. Eh bien ! en toute sincérité, moi qui la foule en ce moment, suis-je certain d'une seule de mes croyances, d'une seule de mes émotions ? Que sais-je ? Peut-être n'y a-t-il de vrai que le murmure des flots, le chant des oiseaux, la vague du désert et l'éternelle surprise de la nature. Nous passons avec nos doctrines d'un jour, avec nos amours d'une heure, avec nos illusions d'un instant ; mais les objets extérieurs demeurent et ils imposent aux générations successives les mêmes aspirations, les mêmes chutes, les mêmes angoisses, les mêmes espoirs et les mêmes déceptions.

XXIV

Le Retour

Enlevé par quatre vigoureux rameurs le canot a quitté la passe et file droit vers le steamer. L'areïs donne, comme il convient, ses ordres avec des cris perçants accompagnés de grands gestes. Debout à la barre, il prend naturellement des allures héroïques pour reprocher à son équipe un coup d'aviron mal donné. Grands colporteurs de nouvelles, les bateliers marocains sont volontiers bavards. Entre deux malédictions lancées aux matelots, l'areïs me demande :

— Tu es Français ?

— Oui.

— Gloire à Allah !... Tu pars pour ton grand pays ?

— Oui.

— Gloire à Allah !... Tu diras bonjour à Loubet, ton sultan.

— Et toi, tu diras bonsoir à tes poules.

— Gloire à Allah !

— Gloire à Allah !

Quelques coups d'aviron encore, quelques piécettes blanches glissées à l'areïs et nous voici à la coupée du bateau qui va nous ramener en France...

Saffi, Mazagan, Casablanca, Larache, escales ennuyeuses et nécessaires, nous ont montré leurs cubes de pierres blanches. Pas d'incidents notables. Le soir accoudé au bastingage, je suis sur les vagues qui viennent s'y briser en pluies d'étincelles les plus douces rêveries, des rêveries aussi brillantes et aussi éphémères que les gouttes d'eau qu'un rayon de lumière change pour une minute en diamants, mais qui rentrent aussitôt dans l'obscurité, aussi légères que l'écume que le vent du soir amusse un moment, secoue et disperse...

Au crépuscule nous doublons le cap Spartel

et, dans la nuit, voici Tanger, où je me sépare d'Amehd et de Mouha.

Je marche depuis une heure, au hasard, un peu perdu dans ce labyrinthe de rues étranglées que je connais bien cependant. Pas une âme, pas un bruit... Est-il possible que cette ville soit habitée ?

Tou-à-coup, là-bas, près du petit Socco où un lampion électrique pénètre de son rayonnement cru la profondeur de l'ombre, on dirait des grattements de corde, comme ces musiques de noctambules qui élargissent le silence. Cela vient de la maison des danseuses, du concert, où perchés sur des escabeaux autour des tables boiteuses, quelques fumeurs méditent.

Pauvre concert, si perdu dans cette nuit où revient flotter l'âme du passé, où l'on sent peser sur soi la poussière des siècles ! Pauvre gite où les vivants d'aujourd'hui viennent chercher un peu de lumière, se serrent les uns contre les autres, ne se sentent plus seuls dans le silence et l'ombre de la cité, s'étourdissant à suivre, sans mot dire, l'arabesque grêle qu'une frissonnante cithare dessine autour d'une plainte brève.

Pauvre musique aussi, lorsque l'on a entendu au désert de capricieuses mélopées ; pauvre musique qui impatiente d'abord, puis tout doucement emplit l'âme d'une large paix, comme ces courtes tinteries que les cigales ne se lassent point de reprendre dans les nuits spacieuses et qui, par nappes sonores, de la terre obscure semblent monter jusqu'aux astres...

Trois jours plus tard : Marseille d'abord, puis bientôt, la solitude des champs devant la Grande Bleue. Un pâle et doux ciel d'automne dont il ne faut pas médire car il rassérène l'esprit et réchauffe le cœur. La verdure sombre et vigoureuse des sapins, des caroubiers, des arbousiers, les bruyères roses et l'olivier au pâle feuillage réjouissent mes yeux.

Aimant à me depayser, tel un voyageur altéré, je suis allé tremper ma soif à deux pas de l'Europe. Cela ne représente pas sans doute à mes yeux les longues explorations dans l'inconnu, précédemment réalisées, mais l'excursion proche et lointaine, non dénuée de danger et d'imprévu, et je suis heureux de l'avoir accomplie.

A l'heure présente, dans la villa qui m'abrite, je pense que les flots bleus, que j'aperçois de ma fenêtre, sont encore ceux qui font à Tanger une ceinture d'azur frangée de blanche écume ; que cette Méditerranée, c'est aussi la mer de Naples et celle d'Ischia, la mer de Sorrente et du Pausilippe, de Palma et des îles Ioniennes.

Les terrains sont couleurs d'ocre, le ciel inaltérablement bleu. La végétation est violente et fantasque.

Autour des villas couvertes de tuiles rouges les cactus et les aloès poussent au pied des murs blancs leurs feuilles en lames de sabre et en vertes raquettes. En se montant un peu l'imagination on se croirait à Malaga ou aux huertas de Valence !

Heureux ceux qui passent toute leur vie dans

une petite anse baignée par la Méditerranée, avec l'écharpe d'azur sur leur tête. La vague marine vient mourir au pied de leur demeure, ils s'endorment au bruit sourd de la mer, ils ont pour horizon la ligne inflexible sur laquelle se découpe quelque côte déchiquetée, un phare qui scintille, une étoile de plus parmi les milliers d'étoiles. Ils saluent les nations en voyage, tout le drame de leur vie, c'est une petite barque à voile blanche qui avance avec peine contre le vent, ou qui glisse doucement sous une brise faible comme un soupir. Si le ciel se couvre ; si le vent s'élève et mugit sa sourde plainte ; si, tout à l'heure calme comme un lac, le flot se couvre d'écume et vient se briser avec fureur contre le rocher qui les abrite, ils se serrent autour de leur foyer.

Un petit jardin planté de fleurs et abrité du vent s'étend autour de la demeure du sage ; au lever du soleil, après avoir jeté un regard au large, il va relever la branche, brisée par l'orage, il sourit à une fleur éclose au matin, arrose une plante qui languit et soutient celle qui tombe. S'il rencontre un pauvre qui, fatigué de sa route, s'est assis épuisé sur le rocher, il le recueille et le fortifie ; et le soir, quand le soleil se couche dans la pourpre et l'or jetant des reflets enflammés sur tout ce qui l'entoure, répandant ses mille feux sur les côtes et les phares, les caps et les îles, allumant une étoile au sommet de chaque petite vague qui clapote sous la brise, il assiste calme et recueilli à la chute du jour.

Il y a loin de là sans doute au mouvement qui féconde et à la vie qui bouillonne, et la contemplation n'est pas la vie, mais que ceux qui sentent en eux la fièvre et les désirs s'agitent dans la grande fourmilière. Qu'ils soient des hommes d'action, des tribuns et des législateurs, des lutteurs et des ambitieux. Qu'ils courent après la toison d'or, qu'ils se disputent les honneurs, la renommée, la gloire, tout ce qui est à la fois creux comme un roseau et lourd comme un sceptre. La petite ville et la mer bleue, la branche qui bourgeonne, la fleur qui s'entr'ouvre, l'enfant qui joue au soleil sur le sable, le jour qui se lève et éclaire toute chose, la paix intérieure et le calme éternel sont les vrais biens et la vraie sagesse. Nous vivons une heure et nous nous agitons sans but. Quand nous croyons avoir construit sûrement l'édifice de notre bonheur, le vent souffle et le renverse, et la terre à nos pieds est jonchée de débris...

APPENDICE

L'Acte général de la Conférence d'Algésiras

C'est le 7 avril 1906 qu'a été signé le protocole de la conférence d'Algésiras. Cette réunion de plénipotentiaires a donné les résultats qu'on attendait d'elle. En assurant la paix elle a doté le Maroc européen de la côte et des ports d'une organisation rudimentaire qui permet de gagner du temps.

Au début les ambitions de la France étaient plus hautes. Notre programme était d'organiser, devant l'Europe et avec son consentement, le Maroc de la « pénétration pacifique ». Tout le monde y aurait gagné : le Maroc d'abord, puis les autres Puissances qui eussent trouvé, au lieu d'une côte inhospitalière, un marché enrichi, développé, largement outillé, et, enfin, la France qui, ayant assumé une tâche lourde et pleine de risques, eut vu, par une juste récompense, s'améliorer la situation d'un voisin actuellement dangereux par son impuissance même.

Mais l'affaire était mal engagée. Il a fallu en rabattre dès la première heure et, finalement, se contenter de moins. En la circonstance ce moins fut le mieux. A force de patience et de sang-froid, nos délégués ont tiré la meilleure part d'une cause à demi-perdue.

Il ne me paraît pas inutile de résumer ici les résultats de ces longs et laborieux pourparlers d'Algésiras qui ont tenu l'Europe en suspens.

Munis de pleins pouvoirs « trouvés en bonne et due forme » — pour tenir un langage diplomatique — les délégués ont, conformément au programme sur lequel Sa Majesté chérifienne et les Puissances sont tombées d'accord, successivement discuté et adopté :

I. Une Déclaration relative à l'organisation de la police ;

II. Un Règlement organisant la surveillance et la répression de la contrebande des armes ;

III. Un Acte de concession d'une Banque d'État marocaine ;

IV. Une Déclaration concernant un meilleur rendement des impôts et la création de nouveaux revenus ;

V. Un Règlement sur les Douanes de l'Empire et la répression de la fraude et de la contrebande ;

VI. Une déclaration relative aux Services Publics et aux Travaux Publics ;

L'acte comprend, après ce préambule, sept chapitres et un protocole additionnel.

Le chapitre Ier traite de la question de la police.

La police sera placée sous les ordres du Sultan, recrutée par le maghzen parmi les musulmans marocains, commandée par des qiâd, chefs marocains, et répartie dans les huit ports ouverts au commerce. *Pour venir en aide au Sultan* dans l'organisation de cette police, des officiers et sous-officiers français et espagnols seront mis à sa disposition par leurs gouvernements respectifs. Les officiers, au nombre de 16 à 20, et les sous-officiers, au nombre de 30 à 40, seront nommés pour cinq ans. Le fonctionnement de la police fera l'objet d'une inspection qui sera confiée par le Sultan à un officier supérieur de l'armée suisse. Cet inspecteur n'aura aucun commandement direct sur les troupes de police. Il adressera des rapports au maghzen et au doyen du corps diplomatique. En cas de réclamation, celui-ci serait saisi par la légation intéressée.

En résumé, la France perd le droit de faire exclusivement la police du Maroc. Mais elle gagne de la partager avec une seule puissance, qui est une puissance amie, et à laquelle l'unit des intérêts communs dans la région. L'Allemagne n'a aucune part dans la police. Mais elle a fait triompher un contrôle européen sur son fonctionnement. C'est une cote mal taillée. Il ne pouvait en être autrement, du moment qu'on se résignait de part et d'autre à des concessions. Et, en somme, puisqu'il y a sacrifice des deux côtés, l'arrangement est honorable.

Le chapitre II règle la question de la contrebande des armes. Il prononce des prohibitions appuyées sur les sanctions nécessaires, et établit les formalités à observer pour l'entrée des armes de chasse et de luxe, le nombre des débits autorisés, etc. Le corps diplomatique ou consulaire se réserve un droit de contrôle. Les infractions au règlement édicté par la conférence devront lui être soumises.

Le chapitre III s'occupe de la banque d'État.

Une banque sera constituée au Maroc. Aux opérations ordinaires d'une banque, elle joindra le privilège de l'émission des billets, et les fonctions de trésorier-payeur de l'Empire et d'agent financier du gouvernement, tant au-dedans qu'au dehors.

La banque sera contrôlée par un haut commissaire marocain nommé par le gouvernement chérifien. Ce fonctionnaire ne pourra pas s'immiscer dans l'administration de la banque.

Celle-ci sera constituée suivant la loi française. Les actions intentées contre elles seront jugées par un tribunal composé de trois magistrats consulaires, et de deux assesseurs, nommés par le corps diplomatique.

La Banque de l'Empire allemand, la Banque d'Angleterre, la Banque de France et la Banque d'Espagne, nommeront chacune un censeur.

Le capital sera divisé en autant de parts qu'il y aura de puissances prenantes à la conférence. Toutefois deux parts seront attribuées au consortium des banques signataires du contrat du 12 juin 1906, en compensation de la cession faite par lui, à la Banque du Maroc, de certains droits acquis. Ce consortium a à sa tête la Banque de Paris et des Pays-Bas, l'une des institutions de crédit les plus actives et les plus entreprenantes de la finance française. Ces deux parts supplémentaires reviennent donc à la France.

Comme il y aura autant d'administrateurs que de parts, la France aura également trois administrateurs.

On peut voir qu'elle a — et c'était très légitime en raison de ce qu'elle avait fait financièrement pour le Maroc — sinon une situation prépondérante, du moins, une situation privilégiée dans la Banque d'Etat.

Le chapitre IV est d'un intérêt plus relatif au point de vue général. C'est une « déclaration concernant un meilleur rendement des impôts et la création de nouveaux revenus ».

Le côté intéressant de ce chapitre, c'est que en matière de travaux publics, d'adjudications, de cahiers des charges, etc., les représentants du Sultan devront se mettre d'accord avec le corps diplomatique.

Le chapitre V s'occupe du règlement des douanes et de la répression de la fraude. Il règle les bases de perception des droits et les pénalités éventuelles. Il stipule que les dispositions arrêtées pourront être modifiées d'un commun accord par le corps diplomatique, et par le maghzen.

Le chapitre VI est consacré aux services publics et aux travaux publics. Il proclame le principe de la liberté économique « sans aucune inégalité ». Il déclare « qu'aucun des services publics de l'empire ne pourra être aliéné au profit d'intérêts particuliers ». Naturellement, les puissances se réservent « de veiller à ce que l'autorité de l'Etat sur ces grandes entreprises d'intérêt général demeure entière ».

Le chapitre VII contient des dispositions générales qu'on peut appeler des clauses de style, pour la date de l'entrée en vigueur de l'Acte Général, le jour où toutes les ratifications auront été déposées, et au plus tard le 21 décembre 1906.

Le protocole additionnel est un avertissement, à l'adresse de Sa Majesté chérifienne. Les diplomates marocains ayant fait observer qu'en raison de la distance, ils ne penseraient pas obtenir à bref délai les ratifications nécessaires, les délégués d'Allemagne, d'Autriche-Hongrie, de Belgique, d'Espagne, des Etats-Unis d'Amérique, de France, de Grande-Bretagne, d'Italie, des Pays-Bas, du Portugal, de Russie et de Suède « s'engagent à unir leurs efforts en vue de la ratification intégrale, par Sa Majesté chérifienne de l'Acte Général ». Les délégués se méfient des tendances de la politique musulmane à employer les moyens dilatoires.

En somme, le corps diplomatique a le contrôle de la police, de la Banque, des travaux publics, du recouvrement des impôts, des douanes, etc., etc.

A part cela, l'intégrité de l'empire chérifien est complète, et le Sultan reste le maître chez lui.

BIBLIOTHÈQUE NATIONALE R.F. IMPRIMÉS

TABLE DES MATIÈRES

BIBLIOTHÈQUE NATIONALE R.F.

Vannes. — Imprimerie LAFOLYE Frères.

www.ingramcontent.com/pod-product-compliance
Ingram Content Group UK Ltd.
Pitfield, Milton Keynes, MK11 3LW, UK
UKHW012205240726
13966UKWH00002B/579

9 782013 631563